ブレない自分をつくる「古典」読書術

小倉広＋人間塾

B&Tブックス
日刊工業新聞社

プロローグ

古典を読むと悩みが悩みでなくなる

私は今から4年前に「人間塾」という、東西の古典から「生き方」を学ぶ勉強会を立ち上げました。

人間塾を立ち上げるまで、私はビジネスでもプライベートでもさまざまな失敗を重ね、壁にぶちあたり、悩み苦しんできました。そのたびに、私は自分には「何かが足りない」と感じていました。しかし、それが何なのかはわからない。何とかしてこの苦しみから抜け出すための答えを手に入れたい、解決したいと、必死にもがいてきました。その結果たどり着いた答えが、**生き方を根本から見直さなければならない**、ということでした。

とはいえ、生き方はどうやって学べばいいのか、皆目見当がつきませんでした。仕事術や時間術といったテクニック的なことは、ビジネス書やセミナーで学ぶことができます。しかし生き方は誰も教えてはくれない。ビジネス書でも、セミナーでも、学校でも会社でも教えてもらうことはできないのです。

よし。そうであれば、2000年以上前の英知が詰まった古典から生き方を学ぼう。古典をきちんと読み始めよう。そう思ったのです。しかし、私は分厚く難しそうな古典をイメージしたときに「無理かもしれない……」とひるみました。怠け者の私では続かない。これまで何度も古典にチャレンジし、挫折してきた私はそう思いました。そのときです。いいアイディアが湧いてきたのです。

古典から学びたい、と考えているのは私だけではないはずだ。そして、恐らく彼らは私と同じように挫折しているに違いない。そう思ったのです。そこでひらめいたのが「塾をつくる」というアイディアです。一人で孤軍奮闘するのではなく、同じ志を持った仲間とともに学ぼう。そう考えて、私は自ら塾をつくりました。それが「人間塾」です。

人間塾には老若男女問わず、毎回30~50名ほどの参加者がそれぞれ、東京、関西、名古屋の会場に集まってきます。彼ら塾生たちの多くは、私と同じようにさまざまな悩みや苦しみを抱えています。仕事における上司や部下との関係。家族における親と子の関係。もしくは夫婦の関係。健康や経済的な問題で苦しんでいる人もいます。思い悩むあまり心身ともに疲弊し、ギリギリまで追い詰められた状態の人もいました。

しかし私も、塾生たちも、古典に出会ったことにより、悩みや苦しみを解決することができたのです。いや、解決したというよりは「悩みだと思っていたことが悩みではないことに気がついた」と言ったほうが正しいかもしれません。

「古典の1冊や2冊読んだだけで、この悩みがなくなるはずがない」

そう思われるかもしれません。

しかし、実際、**古典には私たちを根本から大きく変える力があります。**

では、古典を読むと、いったいどんな変化が起きるのでしょうか？

一言で言うならば「**ブレない自分をつくる**」ことができるのです。自分の中に確固としたゆるぎない太い芯ができ、悩みや苦しみを前にしても、自分がどう行動すべきか迷わなくなるのです。それによって起こる変化は人によりさまざまです。たとえば、私が知っているだけでも、次のような変化が塾生や私の身に起こりました。

□ 仕事を辞めるべきかどうか悩んでいた

←

今の仕事を続けると決心し、仕事に集中できるようになったお世話になった前職を裏切って会社を辞める罪悪感がなくなり、世のため人のためにより多く貢献できる新職場へと思い切って旅立っていった

□横暴な上司、理不尽な上司に我慢がならなかった

←上司も苦しかったのだな、と許せるようになった

□部下の下手な説明を聞くたびにイライラして「何が言いたいの？」と催促していた

←部下は部下なりにベストを尽くしている、と気づき、愛を持って辛抱強く聞けるようになった

□失敗したらうじうじ考えて、夜、眠れなかった

←失敗してもすっきり眠れるようになった

□やりたいなと思いながら、一歩踏み出せなくてやれずにいた
←やったことのないことにもサクッとチャレンジできるようになった

□仕事の悩みや落ち込みを一人で抱えていた
←パートナーに「イヤなことがあったんだ」と話せるようになった

□人のイヤなところが目につき、つい悪口を言っていた
←人のいいところばかり目につくようになり、イヤなところがあっても気にならなくなった

古典はありとあらゆる課題に対応できる体質改善療法

ここに取り上げた項目はバラバラで、一つひとつには何の関連性もない。多くの人はそう捉えるのではないかと思います。しかし、実はすべてが関連しているのです。一つひとつのもとをたどっていけば、**すべての悩みや苦しみの原因は一つである**ことが見えてきます。その原因はどうしたら見えるのか？ 古典を読むと、見えてくるのです。

古典にはすべての教えが詰まっています。古典を読んで、まずそこにある教えを学びます。そして実際に行動します。そうすることでほんの少しずつ、それこそじわじわと牛歩のようではありますが、生き方や人生のメカニズムがわかり始め、そして確実に人生が変わり始めます。古典を読み実行することで、私たちはようやく目の前の悩みや苦しみに隠された本質に気づく。そしてそこではじめて、解決の方法が見えてくるのです。

つまり、古典を読んだからといって、すぐに目の前の悩みが解決するわけではありません。明日から仕事上の問題がすぐになくなるわけではない。親子関係や夫婦関係がうまくいくわけでもない。そういう意味では、残念ながら古典はビジネス書とは違って即効性はありません。

ビジネス書は、小さな課題に瞬時に手を打つことができます。「日々、猛烈に忙しくてまったく時間がない。どうしたら自分の時間を捻出できるのか」という人は、時間の使い方のビジネス書を読めばいい。そうすれば何らかの解決策を得られます。「話し下手で人と話すのが苦手。うまく話せるようになりたい」という人は、会話術のビジネス書を読めばいい。明日からその中の一つでも二つでも実行すれば、少しでも効果を感じることができるでしょう。

しかし、古典にはそのような即効性はありません。古典を読み、自分で課題に気づき、**ブレない自分を少しずつ積み重ねていく**。それを続けるうちに少しずつ、自分の中に芯ができ、その先にようやく変化が訪れます。そのプロセスは、そんなに簡単なことではないし、時間もかかります。しかし古典には確実に人生を変える大きな価値があるのです。

それはなぜでしょうか。いわゆるビジネス書は、目の前にある一つひとつの課題には対処できます。しかし、ありとあらゆる課題の根本を解決することはできない。対症療法がいわゆるビジネス書の役割です。対して**古典は、ありとあらゆる課題の根本をまとめて一気に解決することができます。**ビジネス書が対症療法なら、古典は体質改善療法です。対症療法は、いつまで経っても課題をひたすら、もぐら叩きしているだけの人生です。それは、かつての私がそうだったように、いつか行き詰まってしまうことでしょう。もぐらを叩き続けることに疲れ、消耗してしまうかもしれない。しかし、古典に学び、実行し続けていくことで、その効果は人生のすべてに波及していくのです。

もし、皆さんが何らかの悩みや苦しみを抱えているなら。そして、どうにかしてその悩みや苦しみを解決したいと考えているなら。ビジネス書を10冊読む時間があれば、古典を1冊読むこと。これを強くおすすめします。

「しかし古典は難しそうでハードルが高い」

「読んでも意味がわからなさそう……」

「たくさんあって何から手をつけたらいいのかわからない」

このように考えて、本書を手に取られた方も多いのではないかと思います。

本書では、私や人間塾の塾生の実体験を交えながら、古典の選び方や読み方、そして古典がなぜ効果があるのか、どんな効果があるのかについてお話ししていきます。

また、本書には随所に古典の重要なキーワードや偉人のエピソードが出てきます。それらを目にするだけでも、古典のエッセンスを感じることができるでしょう。

古典中の古典である『論語』に代表される儒教や道教、さらには仏教などに関する書物は、今から2000年以上も前に書かれました。これらを読むと遥か昔から、人間が生きるうえでの真理は何も変わらないことがわかります。2000年以上前の人たちと意識を交わし、悠久《ゆうきゅう》の歴史の中に脈々と息づく真理に触れる。古典を読み、その醍醐味《だいごみ》をぜひ味わっていただきたいと思います。

そして本書を、古典を読むための、また古典の恩恵を受けるためのガイドラインとしてご活用いただければ幸いです。

ブレない自分をつくる「古典」読書術　目次

プロローグ 1
□古典を読むと悩みが悩みでなくなる 2
□古典はありとあらゆる課題に対応できる体質改善療法 7

第1章 なぜ古典を読むとブレなくなるのか

古典に出会うまでのヒストリー 20
□小説とコラムしか読まなかった20代 20
□マネジャーとしての挫折 22
□人間としてのあり方が鍵ではないか？ と気づく 24
□古典との出会い 28
□人間塾が始まったきっかけ 31
□そもそも古典とは？ 39
□ビジネス書で得られるもの、古典で得られるもの 45

多くの悩みの根っこは同じ 48
□人はなぜ、悩むのか 48
□古典は悩みの本質に気づかせてくれる 54
人間力と心・技・体 59
□古典は心・技・体の心と体 59
□心だけでは体をなさない 62
□「心」から入らなければ習慣は身につかない 64
□心と体の行き来が人間力を高める 67
自分を育てるのは自分 71
□古典を読むとアンテナが立つ 71
□古典を読まないと起きたことの解釈を間違う 77
□心と体がスパイラルアップしていく 79

column

「人間塾」塾生から〝古典〟の人生への活かし方
〝本当に心に残ること〟を教え育てる 83

第2章

古典の読み方

古典を読む際の心構え 86
□ビジネス書は目的ありき、古典は目的なしで読む 86
□一つひとつの柱を積んでいく作業が古典を読むということ 88
古典選びの基礎知識 94
□1冊目をどのように選ぶか？ 94
□次はオリジナルか解説本か？ を決める 97
□古典の世界の広げ方 102

読む効果を最大化する読書術 107

□一人で読めなければコミュニティに参加してみよう 107
□小倉流、「体」に落とす古典の読み方 110
□大切なのは読み進める力を優先すること 115
□「抽象」と「具象」をひもづけて読む 118
□読んだらシェア（共有）しよう 123

人間力をつける読書術 三つのステップ 130

□ステップ１：疑念を捨てて「丸受け」の姿勢をつくる 130
□ステップ２：古典を読んだら知行合一で「即実行」 133
□ステップ３：実行を繰り返して「習慣化」する 136

column

「人間塾」塾生から〝古典〟の人生への活かし方
〝想い〟が伝わる〝方法〟を見つける 145

第3章

古典を読むと人生は変わる

私に訪れた七つの変化 148
小さな徳を積めるようになる 152
□心を鍛えて内なる自信を身につける 152
□小さな損を選ぶことが徳を積むことになる 155
ダメな自分を好きになれる 160
□私たちはなぜ自分を好きになれないのか？ 160
□「朝孔子、夜老子」で生きる 165
□勇気があれば人は勝手に成長する 167

感謝できるようになる 172
□感謝できないのは心のアンテナの感度が低いから 172
□「ありがとう」は相手も自分も勇気づける 177
□感謝に秘められた大きな力 178
素直に即実行できるようになる 181
□なぜ一流の人は皆、素直なのか？ 181
□素直な人は縁の偉大さを理解している 184
□あらゆる人の言うことを素直に実行するわけではない 187
運命を受け容れられるようになる 190
□受け容れるとは苦しみに意味づけをすること 190
□受け容れれば状況が変わるわけではない 193
□物理的、経済的、社会的な死を迎える前に宿題に気づくこと 196

他者からの評価に動じなくなる 201
□課題の分離ができていないから苦しい 201
□天命が見つかれば毀誉褒貶に動じなくなる 205
天命を見つけられる 208
□天からの封書を開けるには、目の前の鉛を掘ること 208
□運命を受け容れると天命が見つかる 212
□人間力のあるなしが天命との出会いを左右する 214
「古典」を読むことは、赤子に戻る旅。自分に戻る旅。 217
□小倉さん、変わったね。 217
□恐ろしいのは崖ではなく暗闇 219
□修行僧を辞めました 221
エピローグ 229
ブックリスト ～おさえておくべき古典一覧 234

第1章

なぜ古典を読むとブレなくなるのか

古典に出会うまでのヒストリー

小説とコラムしか読まなかった20代

今となっては、古典の読書会・人間塾を主宰する私ですが、新卒でリクルートに入社した20代の頃は、まったくと言っていいほど本を読みませんでした。たまに読むのは小説かコラム集。人間力に関する古典や難解なビジネス書などまったく読んでいなかったのです。

そんな私の転機は29歳のときです。配置転換により、組織人事コンサルタントの仕事をするようになると、専門的な知識がどうしても必要になりました。ちょうどその頃、世の中ではＭＢＡブームの真っ盛り。欧米から輸入された経営分析的なフレームワークや論理思考を説いた本が続々と出版されている頃でした。私は、必要に迫られてこれらのビジネス書を読み始め、さらにビジネス書のベースとなる学問的な本、たとえば文化人類学、社会学、社会心理学などの本も読むようになりました。

それまでの私は、こういった学問的な本は、学校の試験のためにあるつまらないものだと思っていました。しかし読んでみると、これが存外におもしろかったのです。クライアントの組織変革をお手伝いするうえで役に立つ理論が、本の中にたくさん書いてあったからです。

たとえば、社会心理学者のクルト・レヴィンの著書『**社会科学における場の理論**』（誠信書房）には、B＝f（P．E）という有名な公式が出てきます。Bは行動、fは関数、Pは性格や能力など、Eは環境を表し、「人間の行動はその人の個性のみだけでなく環境によっても決まる」ことを意味しています。

部下の育成を考えた際、部下のパーソナリティをコントロールすることは難しい。ただし人は環境にも影響されるのであれば、マネジメントの基本は「環境を管理することである」ということが、この公式からわかるわけです。

つまらないと思っていた学問的な本が、目の前のビジネスにダイレクトにつながる。論理的な本と仕事をつなげるおもしろさを体感し、知的興奮を覚え、私はどんどん西洋的な本、論理的な本に傾倒していきました。それと同時に、読書においては表層的な書物と重厚な本格派、古典的名著があることを知りました。そして、私にも本格派、古典的名著が読めること、それを活用できることに気づきました。それは目からウロコが落ちるかのような大きな発見だったのです。

マネジャーとしての挫折

コンサルタントになって半年後、私は30歳で初めて管理職になりました。課長になり、数名のチームを持つことになったのです。

しかし、そこで私を待っていたのは大きな挫折でした。チームをマネジメントするということがどういうことかわからず、メンバーに自分のやり方を押し付けたり、メンバーのやり方を否定したり。それを繰り返していた結果、チームの雰囲気が悪くなり、業績が落ち込んでいってしまったのです。

「チームがうまくいかないのは自分が悪いのだ。私はマネジャー失格だ」と思い悩み、必死であがいているうちに、私は気がつけば、うつ病になっていました。

人生で初めて心療内科の門を叩き、通院しながら、私は必死にチームを立て直そうとしました。しかしどうやってもうまくいきません。思い悩んだ私は、着任半年後に意を決して部長のもとを訪ねました。「私に課長は務まりません。申し訳ありません」辞職を覚悟で部長へ謝りに行ったのです。しかし部長は「もう一度プレイヤーでやり直せばいい」と言ってくれ、再び私にチャンスを与えてくれたのです。

私は、もともと得意だったプレイヤーの現場に復帰し、息を吹き返しました。そして、以前のように意気揚々とコンサルタントの仕事に取り組み始めたのです。私は西洋の論理的な本を片っ端から読み、その中から覚え立ての論理やツールを拝借し、問題の解決を試みていきました。

しかし、最初はうまくいっていたはずの手法がやがて行き詰まっていきます。これまで学んだ西洋的なMBA的手法を駆使しても、クライアントの組織変革がうまく進まない、ということに気づき始めたのです。

たとえば人事制度を能力成果主義型に変えても、組織に大きな変化は見られない。マーケティングや経営戦略の研修をやってもなかなか変わらない。

そこでクライアントを改めて観察してみると、なんとなく見えてきたのが、**問題は**

どうも「人間的な部分にあるのではないか」ということです。人事制度や教育制度以前の、たとえば人と人との信頼関係や、人としての思いやり、といったことの欠如が問題を起こしていることに気がつきました。クライアント先で、そう思える場面に多々出くわしたのです。

同時に、「自分がマネジャーとして失敗したのも、もしかしたら、そこに原因があるのではないか」と思うようになりました。チームマネジメントがうまくいかなかったとき、「自分に原因がある」という確信めいたものはありました。しかし、どこが悪いのか、どうすればよかったのかはわからず、私はずっと考え、答えを探していました。どうやらそれは、西洋的、論理的な本の中にはない。もっと身近な、別の所に答えがあるような予感めいたものを感じ始めていたのです。

人間としてのあり方が鍵ではないか？と気づく

ちょうどその頃のことです。バブル崩壊後の長引く経営不況による人材採用抑制により、リクルート社代理店の経営が軒並み悪化していました。このままでは代理店がつぶれてしまう、と、リクルートは自社の中堅社員を続々と代理店に出向させて、経営再建を彼ら若者に託していったのです。

その中の一人に、石田さん（仮名）という私の同期がいました。

彼は経営に苦しむ代理店へ出向してすぐに気づきます。「この会社は、財務体質、人事制度から社内風土まですべてを変えなければダメだ」と。しかし自分一人の力では難しい。そこで彼は「小倉、手伝ってくれ」と私に声をかけてきてくれたのです。私は頼りにしてもらえたことが嬉しく「わかった、俺は組織改革の知識はあるから喜んで手伝うよ」と、二人で取り組むことになりました。

二人で現状分析し、まず私が組織改革のための大まかな設計図を描き、彼に戦略や具体的な進め方の手順を説明します。その中には、何人かに辞めてもらったり、高い給料を下げたりといった非常に厳しい仕事がたくさんありました。

彼は私の説明を聞くとすぐに「わかった、これは絶対にやらなくてはいけない」と納得してくれました。そして、こう言ったのです。「しかし、これは社長にはやらせられない、すべて俺がやる」と。そして、こう続けました。この会社は皆、社長のことが大好きで集まった人ばかりだ。だから、社長が嫌われ者になると会社としてまずい。だから俺がやる。嫌われ者になるよ、と。私はその言葉に衝撃を受けました。西洋的なフレームワーク思考にかぶれていた当時の私には想像もつかない考え方であり、言葉だったからです。

それから2週間後に彼と再びミーティングをすると、またもや彼は驚くべきことを私に告げたのです。「二人で決めたことはすべて実行したよ」「何人かの古参の幹部に降格してもらった。問題のある社員にも辞めてもらった。皆から嫌われて、たくさん嫌がらせも受けた。でもね、会社が生き延びるために必要なことなんだ。やらなければならない。それは俺の仕事なんだよ」と。

彼は親会社のような取引先から来ているため、ただでさえ代理店の人にとって煙たい存在です。そんな彼が進んで汚れ役をやる。会社を、社長を守るために自らが捨て石になる。そう宣言し言葉通りに実行していく。私はそんな彼の存在感に圧倒され、「負けた……」と思ったのです。

そして、こう思いました。それまでの私は、フレームワークや設計図を描き、経営者に「これをやってください」と提案して去る、カッコいいコンサルタントを目指していました。そのために、西洋的で論理的なさまざまなツールを取り入れてきました。

そして、それを実行する作業は泥臭くカッコ悪いものだと思っていました。自分はそれをする必要はない。クライアントがすればいい。正直に言うと、専門知識のないクライアントを一段低く見ていたようなところがありました。知識のある自分、コンサルタントの自分を勝手に一段高く感じていた、思い上がっていた自分がいたように思います。

しかし、そんな私は間近に彼を見て打ちのめされたのです。理屈ばかりこねて泥臭いことを何もしないコンサルタントの自分。一方で、泥臭く汚れ仕事を引き受け、命がけで会社や社員を守っている石田さん。ああ、自分はなんてちっぽけで価値が低いんだ。自分はなんて大きな勘違いをしていたんだ。私は石田さんに、それを教えてもらったのです。では、いったい彼のすごさは何にあるのでしょうか？　私は考えました。そして、わかりました。それはフレームワークでも論理的なものでもありませんでした。仲間を思う心、社長に尽くそうという気持ち、信念の厚さ、底力のような人間力。あえて表現するならば、仁や忠や義、敬や礼、信念、志。そのような東洋的なイメージが湧いてきたのです。

彼のあり方にショックを受けた私は、改めて周りをよくよく見直してみました。すると、どのクライアントにも必ず一人や二人、石田さんのようなタイプがいることに気づきました。論理的な思考は苦手だが、仲間から信頼されていたり、上司をきちんと立てていたり、汚れ仕事を進んで引き受けている人間が必ずいたのです。

そうか。こういう人たちの魂や考え方を組織に注入すればいくらでも会社は変わるんだな。結局会社はこういう人が何人いるかの勝負なんだな、と私は気づきました。それと同時に、自分がマネジャーとして足りなかったものもここにあるのではないかと思いあたりました。

何か「人間としてのあり方」のようなものが、鍵なのではないか。それは、これまで避けてきた東洋的なものの中に、**古典的なものの中に答えがあるのかもしれない……**。私はうすうすそう感じ始めていたのです。

古典との出会い

それまでの私は、東洋的、古典的なものを避けてきただけでなく、そういったものは古臭くて現代にはまったく通用しない、古い時代の遺物だとバカにすらしていました。世の風潮としては年功序列が崩れさりつつある頃。論理的な手法こそが正解であると、私もクライアントに「年功序列型をやめて能力成果型にしましょう」と提案していたときでした。合理性を追求している自分は時流に乗っている。そう考えて生きてきました。

しかし、コンサルタントの技量として何かが足りない。マネジャーとして失敗した自分には何かが足りないと感じ、石田さんやクライアントを見て気がついたのです。それまで過剰に否定していたものの中に全部答えがあるのではないか、と。そこで私はまったく逆のことをやることにしました。今までとは違う本の中に答えを見つけようと、私はすがるように東洋の古典を探し始めたのです。

ところがそこで私は大きな壁にぶちあたります。たとえば、有名な『論語』だけでも十数冊もあるのです。解説書を加えればおそらくは数百冊になるでしょう。たくさんある『論語』のうちどれを読めばいいのかわからない。『論語』と『孟子』のどちらを先に読めばいいのかもわからない。片っ端から読む手もありますが、私は全体像を把握して納得しないと頑張ることができない。どうにかぼんやりとでも、何とかして全体像を見たい……。

そう途方にくれていたときのこと。ふと、お客様からいただいた月刊『**致知**』（致知出版社）という雑誌を思い出しました。お客様の新年会に出席した際に、お年賀として年間購読をプレゼントしていただいたのです。人間学がうんぬんという内容やモノクロ写真の地味な表紙に、正直、食指が動かず、読まずに1年分部屋の隅に積んでありました。

「とりあえずあれを読んでみようか」

そう思って『致知』を読み始めたのが、私にとっての古典の入り口でした。

実はこのような「全体像を探す」ことは、私は過去にも経験しています。

大学生のとき。「ジャズと映画を語れるカッコいい男になりたい」と思いました。しかしジャズも映画も大きな世界で、どこから手をつけていいかさっぱりわからない。

そこでジャズは、ジャズ専門の音楽雑誌『スイングジャーナル』や、同誌の別冊『ジャズ名盤ベスト１００』などを読み漁りました。そして気になったものを次々に買って聴いていきました。と同時にジャズ喫茶をひたすらはしごして、そこにある展示品を見たり、本を読んだり、かかっている音楽を聴いたりしました。

映画は、蓮實重彦さん責任編集の映画雑誌『リュミエール』を読み、そこに紹介されている映画を片っ端から観に行きました。そうしているうちに、ジャズも映画も何となくですが全体像が見えてきたのです。

古典も同じやり方をすればいい。『致知』が『スイングジャーナル』であり『リュミエール』だ。そう考えて、『致知』で紹介されている古典を買って読んだり、致知出版社のホームページで同社発行の書籍を見たり。自分なりに古典の全体像を探していくうちに、徐々に古典の世界が見え始めたのです。

人間塾が始まったきっかけ

そんなふうに古典の世界を模索し、全体像がなんとなく見えてきたとき。私は逆に気が遠くなるような気がしました。「無理だ。とうてい読めない……」と気づいたのです。

それまでにも、とりあえず有名な古典を1冊くらい読んでおこうと『論語』を購入していました。しかしあまりの難しさにすぐ挫折し、机の上に放置してありました。「読みたいと思い、購入する」を数回繰り返していたようで、なぜか同じ岩波文庫版の『論語』が家に3冊もある状態だったのです。

古典を読むなら四書と言われる『大学』『中庸』『論語』『孟子』などは必読書だ。しかしこんな難解な本に再度チャレンジなんてできない。したくない。まったく読める気がしない。ただ、今回ばかりは逃げたくないとも思いました。**答えを見つけなければ、自分はこの先もずっと同じことを繰り返すだろう。**それはダメだ。それでは自分は永遠に変わることができない。

そこで、一人では読めないなら誰かと一緒に読めばいいのではないかと考えました。自分が音頭をとったら読まないわけにはいかない。いいプレッシャーにもなるだろう。そんな場をつくれないだろうか、と。

そんなことを考えていたある日のこと。大先輩作家の山本さん（仮名）にお誘いいただき酒席をともにさせていただくことになったのです。それまでにも何度か食事をご一緒させていただいたことがあるのですが、山本さんは日本酒が大好きです。そして、普段は高名な先生であるにも関わらず、飲んだときは、気さくな普通の酔っ払いおじさんに変わるのです。

その日も早々にお酒が回ってきたようで、山本さんは「小倉さん。あなたの若者への影響力はすごい。あなたは日本を変えなければならん！」と何度も何度もおっしゃいます。「いやいや、私にはそんなことはとてもできませんよ」と返しても、「いや、やるんだ。あなたならできる！」と力強くおっしゃいます。その言葉はとても熱がありました。そこで私はこう問いました。「私は何をしたらいいのでしょうか？　どうやって日本を変えるのですか？」。すると山本さんは「塾をやりなさい！」と断言します。やっぱりそうか。私はそのときに確信しました。古典を読む塾のようなものをやりたい。漠然とそう考えていたちょうどそのときに、山本さんからも同じことを言われたのです。これは天命だ。やるしかない。塾をやろう。まるで何かに導かれたかのような感覚で、私は人間塾を立ち上げたのです。

後日談ですが、「おかげさまで塾を始めることになりました」とお礼を述べると、「何のことだっけ？」と山本さん。どうやらお酒の席での会話をほとんど覚えていらっしゃらないようでした。しかし私の背中をグッと押してくれたことには変わりありません。今でも、山本さんには深く感謝しています。

このようにして、東洋哲学を中心とした人間力を高めるための古典の読書会・人間塾はスタートしました。私は、当初は数名〜十名程度で始めようと思っていたのですが、実際に塾を始めると驚くほどたくさんの仲間がやって来てくれました。東京での初回開催前から「関西でもやってほしい」「名古屋でも」と声があがり、立ち上げと同時に東・名・阪の3会場で開催することが決定しました。そして参加者もあっという間に延べ人数で1000名の規模に達することに。私はあまりのことに驚きを隠せませんでした。

では、これほどの人数の人たちが何を求めて人間塾へやって来るのでしょうか。私は、参加者をつかまえては「なぜ人間塾？　なぜ古典？」と質問をしてまわりました。すると、以下のような答えが多かったのです。

最初は皆、一人ひとりが異なる悩みや苦しみを抱えるところからスタートします。それは職場での上司・部下の悩みだったり、プライベートでの子育ての悩みだったり、はたまた両親との間の確執だったり、まさにさまざまです。彼らは悩み苦しみながらも、何とかその問題を解決したいと書店に行き、ビジネス書なり自己啓発本を手に取ります。もしくは周りの人に相談することで、解決法を求めようとします。しかし本を読んでも、人からアドバイスを得ても、何かが違う。どうもそれでは解決しないような気がする。求めている答えが見つからない……。

そこで、思い当たるのが、私と同じ結論である「自分自身の人間力不足」という課題なのです。もしかしたら自分自身に何かが足りないのではないか。人としてのあり方を見直し、生き方を勉強することが必要なのではないか。そうしなければこの先も、ずっと変わらず悩み続けている気がする、と。

視点を目の前の悩みから、人間のあり方や生き方というものに移したとき。そこで多くの人は、古典の存在に気づきます。とはいえ、古典はどうにもハードルが高い。なんとか読む方法はないだろうかと模索しているうちに人間塾の存在を知り、門を叩く。人間塾にはこのような経緯で来る人がほとんどだったのです。

人間塾は、代表理事である私が、自分一人では古典を読む勇気がないから皆で読もうという、ごく私的な、道連れ的なレベルの低い発想から始まった塾です。しかし、それがあっという間に公《おおやけ》のものになった。私が仲間と学ぶための場ではなく、全国の、多くの人の悩みや苦しみを解放していく場となっていったのです。

人間塾には、目的、運営ポリシーなどが明確に定められています（資料1）。そして、それらの背景に脈々と流れている私の思いがあります。それは、私は絶対に師匠には

資料1　人間塾趣旨

◉ 目的
共に学ぶ参加者同士の影響力により互いの人間力を高め、社会への貢献・ご恩返しを実践する。また、社会への貢献・ご恩返しを通じ、私たち自身が悩みや苦しみから解放され「させていただく幸せ」を実感していく。
◉ 運営ポリシー
人間塾は、誰かに何かを「教えてもらう」場ではありません。誰かに運営を「してもらう」場でもありません。参加者全員が手弁当で会を運営して参ります。机とイスを設営し、受付をし、雑務をするのは「誰か」ではなく「私たち」です。作業を「指示」する人はいません。「何ができるか?」を常に自分で考え、自分ができる貢献を探して動く人の集まり、それが人間塾です。本を読むこと以上に、会を通じて「利他の心」で「献身」することを重視します。会の中でどのように振る舞うのか? 会に来る前の電車の中、家族への接し方、日頃の職場での働き方、すべてが学びの場であり、人間塾である、との考えで会を運営して参ります。 「してもらう幸せ」ではなく「してあげる幸せ」「させていただける幸せ」を大切にする会です。
◉進行方法
課題図書を事前に読み込み「感想・気づき」「本文の中で心に残った箇所から想起された自分の体験エピソード（失敗談、失敗→成功談、よくしてもらった体験談）などを用意し、当日発表される課題についてプレゼンテーションもしくはディスカッションを行います。参加者は相互の発表を聞きながらさらに学びを深めます。さらに、（アクションラーニング形式）発表者に対して人間塾塾長の小倉広がコメントします。 ※課題内容や進行方法は予告なしに変更になることがあります。
◉ 課題図書
本会（東京・関西・名古屋）における課題図書は毎月1冊（内容によっては2ヶ月に1冊）です。支部会における課題図書は、本会にて過去に指定された課題図書の中から、各支部長が独自に選定することとなっています。
◉ 日時
人間塾の本会（東京・関西・名古屋）は月1回開催です。原則として、東京は最終週の土曜日、名古屋・関西は第1土曜日に開催予定です。 支部会の開催は、月1回もしくは隔月もしくは四半期に一度のいずれかを支部長が設定し、定期的に運用しております。お近くの支部にお問い合わせ下さい。
詳細 http://www.ningenjuku.net/

人間塾組織図

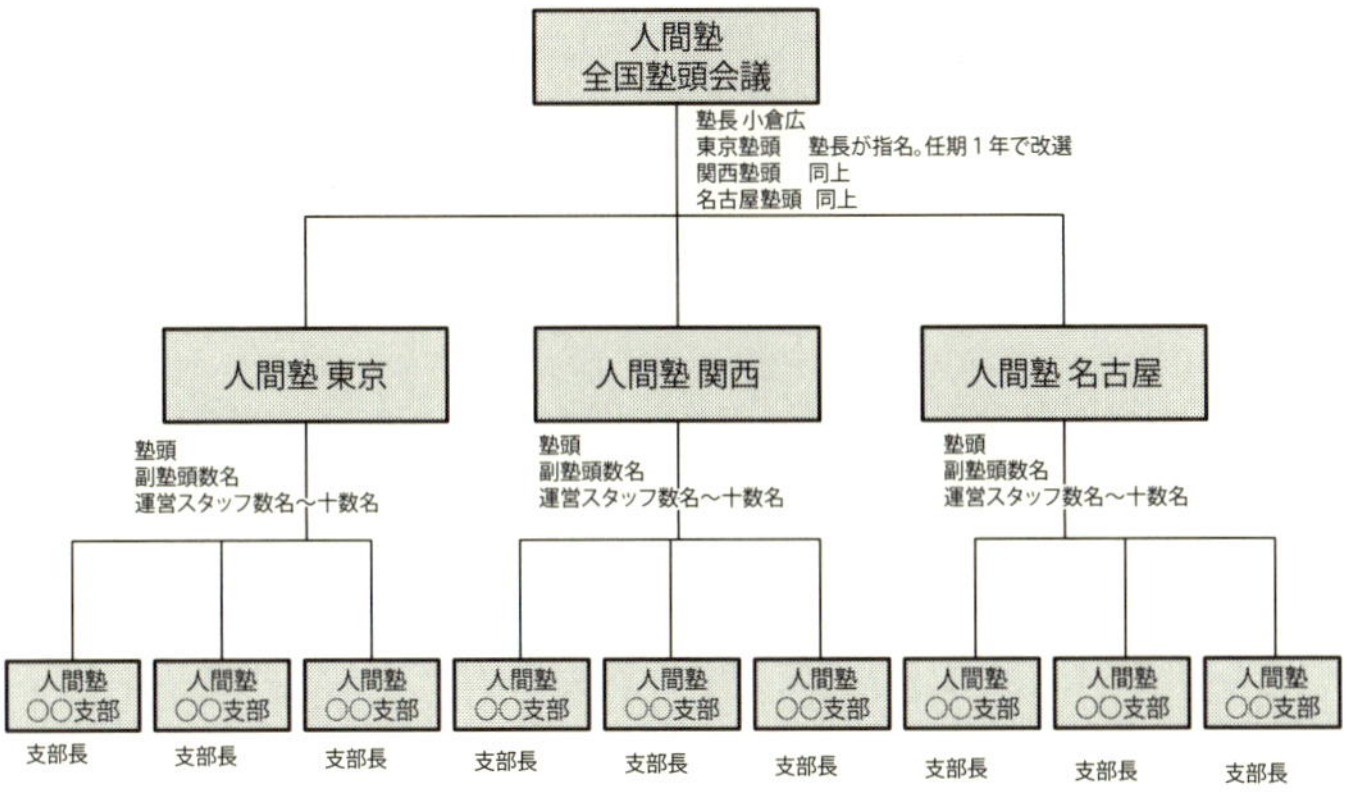

塾長	塾の最高責任者。全国で統一された塾の理念、ビジョン、運営方針の策定、および、課題図書の選定などポリシー、コンテンツに関する意思決定を行う。企業で言うところのChief Executive Officer の役割
塾頭	各地域における塾運営執行の最高責任者。上記塾長の役割以外のすべてに関して責任を負う。日程、会場、運営スタッフの組織化、地域毎の予算管理、集客管理など。企業で言うところのChief Operating Officer の役割。選任は塾長による指名。任期１年で改選。
副塾頭	各地域毎に異なる運営スタッフグループの責任者であるとともに、塾頭のサポートを行う。例：運営担当副塾頭、広報担当副塾頭、支部サポート担当副塾頭など選任は各地域の塾頭による指名。任期１年で改選。
運営スタッフ	塾運営を行うボランティアスタッフ。選任は基本的に立候補制。任期半年で改選。
支部長	東京、関西、名古屋いずれかの本会に通算5回以上参加し審査に合格した者は支部長として人間塾の地域支部を開催することができる。

なれない、そしてなるまい、という決意です。人間塾は、塾生が代表の小倉広に学ぶ場にはするまい、と私は思っています。私もまた塾生の一人として一緒に学び続けたいと思っています。師匠は私ではない。本塾の師は、あくまでも古典を著した儒者や僧侶や哲学者であるべきです。人間塾は古典に学ぶ会なのです。

そのことを一言で端的に表してくださった人生の大先輩がいらっしゃいます。私がアドラー心理学を学んだ師であり、後に人間塾の顧問として私たちを見守ってくださることになる岩井俊憲先生から以下のようなお言葉を頂戴したのです。

「小倉広さんは菩薩様なのです。そして衆生《しゅじょう》の苦しみをともに体験する代受苦《だいじゅく》をされているのですね」と。

菩薩とは悟りを求めているけれども、未だ開けていない修行中の人のことを言います。代受苦とは字のごとく、他の人の苦しみを代わりに受けることです。

「小倉さんは悟りを開こうと思えばいつでも開けるのに、未完成を自ら選んでいるのです。そして今、苦しみのなかにいる人々とともに、人々の苦しみを一緒に受け止めて、その人々と同じく修行をしている人なのですね」

そのように岩井先生はおっしゃってくれました。このお言葉にはお世辞が多分に込められているに違いありません。しかし、これこそが人間塾のスタンスであり、塾長としての小倉広のスタンスだと思っています。私は決して悟ってなどいないし、師匠の位置にはいない。私は皆とともに学ぶ塾生の一人である。それはきれいごとでもなんでもありません。なぜならば、実際に私は皆に何も教えてはいないからです。ただ皆とともにグループ討議に参加し、古典を読み、古典から生き方を学んでいる。ただそれだけです。そして、私は決して古典に詳しい専門家にはなれないし、なりたいとも思わない。永遠の初心者でいたいと思っています。それは人間塾がスタートしてから現在まで、そしてこれからもまったく変わらない大切なスタンスなのです。

そもそも古典とは?

人間塾では基本的に毎月1冊、私が選定した課題図書を提示します。そして、私は塾生の皆さんとともにそれを精読します。つまり私は必然的に最低でも毎月1冊は古典を読むことになったのです。人間塾の仲間とともに古典を読み続けているうちに、私は一人でも重厚で難解な古典を少しずつではありますが読めるようになっていきました。読んでみると、まさに私が抱いていた予感どおり。古典には私の求めていた答えがすべてありました。私は嬉々として古典を読むようになっていきました。すると今まではぼんやりとしか見えなかった古典の全体像が、はっきりと見えるようになってきたのです。

古典の全体像とはどのようなものでしょうか。これは、あくまでも私独自の非常に大雑把な解釈ですが、古典は3層構造だと私は捉えています。

まずは3層の一番下の土台となる部分。ここには四書（『大学』『中庸』『論語』『孟子』）や、たまたま同時代に起きた仏教、キリスト教、ギリシャ哲学などに代表される、2000年前の古典が入ります。さらに、そこから一気に江戸時代までの長い期間の「古代～近世古典」。これがいわゆる古典中の古典、古典の大元、第1世代だと私は捉えています。

真ん中の2層目は、古典中の古典である四書五経などをひたすらに勉強していた幕末、明治維新の立役者および同時代の西洋の哲学、心理学者の書物である。私はそのように自分の頭を整理しています。たとえば現代の経営者から最も尊敬を集めている幕末の志士である西郷隆盛は、朱子学から陽明学まで広く儒教を研究していた佐藤一

古典の全体像（著者の独断による）

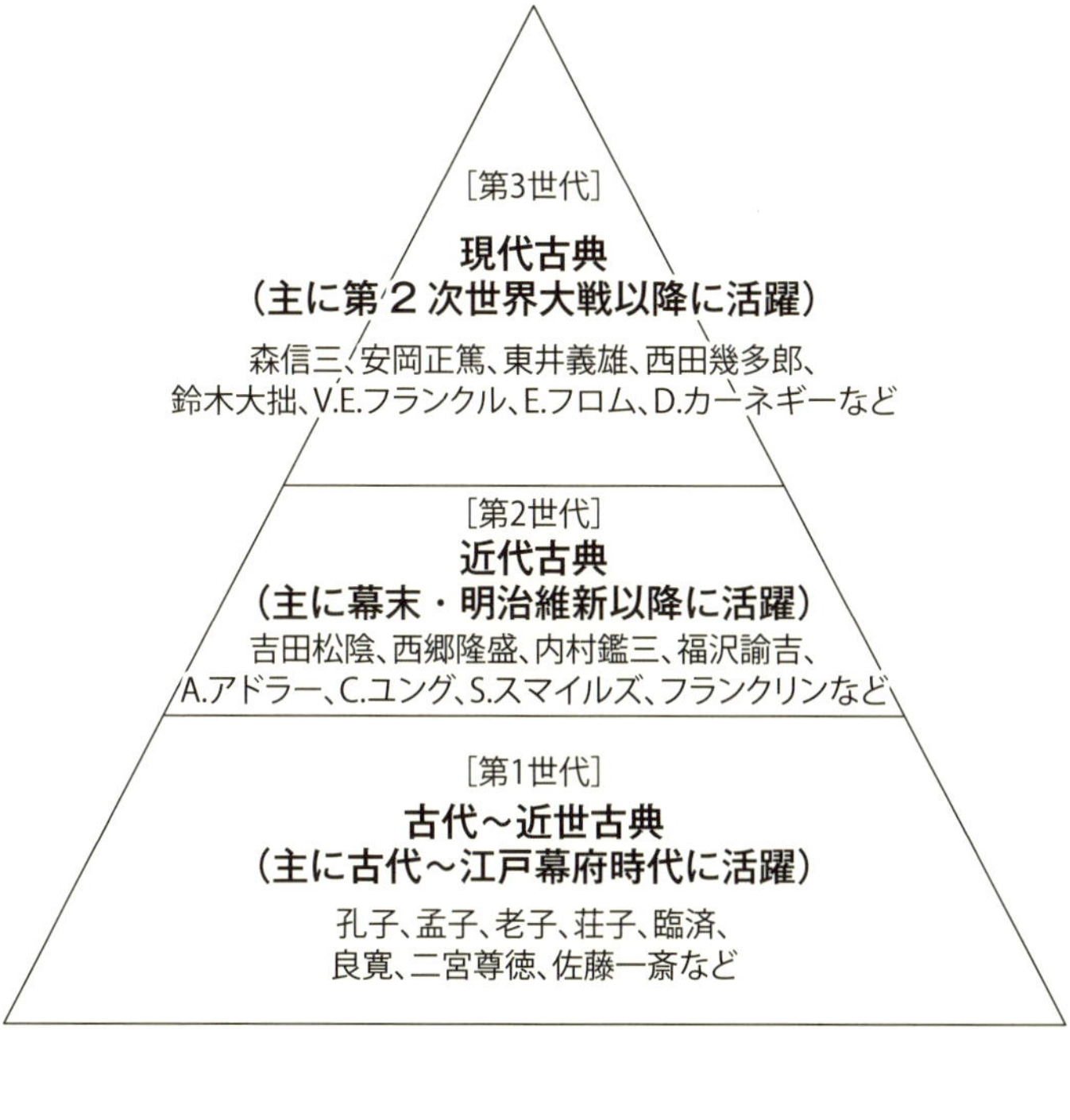
[第3世代]
現代古典
（主に第２次世界大戦以降に活躍）
森信三、安岡正篤、東井義雄、西田幾多郎、
鈴木大拙、V.E.フランクル、E.フロム、D.カーネギーなど
[第2世代]
近代古典
（主に幕末・明治維新以降に活躍）
吉田松陰、西郷隆盛、内村鑑三、福沢諭吉、
A.アドラー、C.ユング、S.スマイルズ、フランクリンなど
[第1世代]
古代～近世古典
（主に古代～江戸幕府時代に活躍）
孔子、孟子、老子、荘子、臨済、
良寛、二宮尊徳、佐藤一斎など

斎を師と仰ぎ、その流れで今度は自分自身が多くの人々の人生を変えるような教えを世に残すこととなりました。また、松下村塾を通じて、高杉晋作、伊藤博文、山縣有朋、久坂玄端などを育てた吉田松陰は獄中で看守と囚人に対して熱く語った第1世代の『孟子』についての講義録である『講孟箚記《こうもうさっき》』という本を残しています。古代～近世の書物である古典を血のにじむような努力で学び、そしてまさに命をかけて後世に伝える、第1級の翻訳者の役割を果たしたのが彼ら幕末の志士たちなのです。

しかも彼らは古典を学ぶだけでなく、儒教の教えを実践したのです。彼らは江戸城の、いわゆる無血開城を実現したわけですが、これは世界でも稀にみる革命です。儒教の教えを現実に活用したのは世界中で幕末の志士だけと言っても過言ではありません。儒教の教えを実践し革命を実現した彼らの言葉は、古代～近世の書物である古典と同程度の重みがある。彼らは古典を学ぶ弟子であり、伝道士であり、実現者である。私はそのように考えます。その彼らが記した書物こそ、第2世代であると私は理解しています。

そして一番上の層となる第3世代。異論はさまざまあるかと思いますが、森信三氏と安岡正篤氏に代表される現代（主に第2次世界大戦以降）に活躍した方々の著作を私は位置づけさせていただいています。森信三氏と安岡正篤氏は第1世代、第2世代を極めて深く研究されており、著書には歴史上の偉人の言葉がそれこそ随所に出てきます。

実は人間塾を始める前に、私は森信三氏の代表作と言われる**『修身教授録』**(致知出版社)を読んでいます。森信三氏は、哲学者であると同時に「国民教育の父」と呼ばれる方です。月刊『致知』を読んでいると京セラの創業者である稲盛和夫さんやSBIホールディングス社長の北尾吉孝さんを筆頭にさまざまな名経営者、教育者の方々が『修身教授録』の素晴らしさを語っていました。あまりにも頻繁にたくさんの方が同書を語られるため、読み始めるならばここから、と考え、私も手に取ったのです。その意味では、私が初めて一人で読み始めた古典は、この第3世代の『修身教授録』と言えるかもしれません。

同書は平易な文章の中に珠玉の教えが詰まっていました。しかも繰り返し繰り返し第2世代、第1世代の偉人の言葉が出てきます。ああ、これだ。私が求めていたものはこれだ。私は森信三氏の本を読んで、確信めいたものを感じたのです。

一方、安岡正篤氏は草の根タイプの森信三氏と対比して語られることの多いエリートタイプの大哲学者です。安岡正篤氏は代々の総理大臣の顧問的役割を務め、第2次世界大戦の終戦詔書などの草案作成にかかわられたことでも有名です。私は、森信三氏だけでなく安岡正篤氏もぜひ読みたいと、代表作、『**いかに生くべきか―東洋倫理概論**』（致知出版社）を手に取りました。しかしこちらは全編ほぼ漢文で書かれているかのような難解な書で、まったくもって歯が立ちませんでした。この本は今の自分ではとても太刀打ちできない。これは相当力を入れて勉強しないとダメだ。そう思いました。しかし同時に、安岡正篤氏も間違いなく本物だと私は直感したのです。

森信三氏と安岡正篤氏のお二人の本は、本そのものに非常に大きな価値があり、なおかつガイドブック的な役割も果たしてくれる。このお二人から第2世代、第1世代をたどっていけば道を大きくはずれることはないだろう。そのように私は考えました。そこで人間塾の課題図書の1年目は、最初に森信三氏と安岡正篤氏を取り上げることにしたのです。

ビジネス書で得られるもの、古典で得られるもの

西洋の論理的なビジネス書から東洋の古典へ。このように私は真逆へと大きく振り子を振ることになりました。振り子を振るときは極端に振る。今までと違うことをやるときはとことん逆をやる。部分的にではなく全部やる。これが私のやり方です。

その結果、私は、最初はビジネス書に傾倒し、続いて古典に傾倒することとなりました。そして両者に没頭することで、ビジネス書で得られるもの、古典で得られるものの違いがはっきりとわかりました。

ビジネス書では知識や技術といったスキルが得られます。スキルは使う人によって生きもすれば死にもするもの。**スキルは人間力という土台があってこそ生かされる**ものです。人間力という土台がなければ、スキルはゼロどころかマイナスにさえなります。その土台となる人間力を得られるのが古典なのです。

たとえば、同じセリフを人間力のある人とない人が言うのでは、説得力も違えば意味合いまで変わってきます。人間力のある人が言えば、その言葉には何倍もの重みを

感じます。一方、人間力のない人が言うと、それがどんなに素晴らしい言葉でも一向に響いてこないのです。そういう意味で、ビジネス書で得られるスキルと古典で得られる人間力は掛け算の関係にある。つまり**スキルと人間力の掛け算で、その人の成果は決まる**と考えます。

しかし一方で、古今東西の名経営者、経営学者は「スキルだけがある人と人間力だけがある人なら、人間力がある人を用いなさい」と言っています。

「指導者、経営者には、部下から、社員から、人々から慕われるような、徳というか、人間的魅力があってはじめて、指導者、経営者たる資格があるということやね。だからな、指導者、経営者はな、努めて自らの徳性を高める努力を、日頃から、しておかんといかんな」松下幸之助『ひとことの力　松下幸之助の言葉』(江口克彦、東洋経済新報社)

「本気なことを示す決定打は、人事において、断固、人格的な真摯さを評価することである。なぜなら、リーダシップが発揮されるのは、人格においてだからである」ピー

ター・ドラッカー『ドラッカー名著集2　現代の経営（上）』（ダイヤモンド社）
「強力なリーダーは、誠実な人格者である」ジャック・ウェルチ『ジャック・ウェルチ　リーダーシップ4つの条件』（ジェフリー・A・クレイムズ、ダイヤモンド社）

そうであるならば、**ビジネス書は捨てて古典を読めばいい**。まずは古典で人間力という土台を築くことだけに注力すればいい。私はそのように考えます。実際に今、私が読むのは古典ばかりです。古典を読めば読むほど、結局、ビジネス書は不要で、古典だけでよいのではないか。そう実感するからです。

ところで、私は古典を読み始めてから、西洋の古典にも東洋の古典に通ずる素晴らしい本があることに気づきました。そこで人間塾では3年目から西洋の古典、哲学や心理学も課題図書に取り入れています。

洋の東西を問わず、素晴らしい古典から、生き方、人生、人間力を学ぶ。一生涯学び続ける。これが、私が試行錯誤を繰り返した末に手に入れた答えです。

多くの悩みの根っこは同じ

人はなぜ、悩むのか

人間塾では参加者それぞれが事前に指定された課題図書を読みます。そして当日発表される課題について、本から得た気づきや自らの体験エピソードを交えてディスカッションを行います。参加者から語られる体験エピソードの多くは、今現在、実際に本人が頭を悩ませていることです。

私たちはなぜ悩み、苦しむのか？ 古典を読んだ今ならはっきりとわかります。ほとんどの悩みは人間力が足りないから起こるのです。イエローハットの創業者である鍵山秀三郎さんはこうおっしゃっています。

「悩みが尽きないのは自分のことばかり考えているからだ」

またオーストリア出身の心理学者アルフレッド・アドラーはこう言っています。

「人の目が気になってばかりいる人は自分のことしか考えていない人だ」

儒教の代表的なキーワードの一つに、「修己治人《しゅうこちじん》」という言葉があります。「人を治めるリーダーになる人は、まず先に自分を修め（人間としての修行、勉強をし）、その後で人を治め（統治する）なさい」という意味です。

私が会社を経営していたときのこと。私は自分が「修己」できていないのに、部下をなんとか「治人」（コントロール）しようとしていました。しかし部下はなかなか思うように動いてはくれない。部下が動かないのは部下自身に問題があるからだ。部下のレベルが低いからだ。上司の自分はレベルが高いのに、部下のレベルが低い。だから成果が出ない。私はそう思っていました。そしてあの手この手を使い、どうにか部下を動かそうとしました。自分のことは棚に上げて、部下にばかり矢印を向けていたのです。

しかし上司の仕事とは、あたり前ですが、部下のやる気を引き出し育てることにあります。そこに上司のプレイヤーとしてのスキルは関係ありません。それなのに私はずっと自分のプレイヤー力と部下のプレイヤー力とを比べていました。「俺がプレイヤーだったらもっと上手にできるのに」。そう考えていたのです。

上司の力量が、どれだけ部下を育てられるかで決まるのであれば、部下のレベルが低くて上司のレベルが高いということは理論的にあり得ない。「部下ができない」と言うのは、自分がいかにできない上司であるかを公言していることにほかならないのです。部下の愚痴を言うのは、天につばを吐くのと同じこと。天に向かってつばを吐くと引力で必ず自分に落ちてきます。

このように、問題は自分にあるのに、私は相手のせいにしたり、相手に求めてばかりいたのです。これこそがまさに修己治人ができていない状態です。私は、まず、自分を修めなければならなかったのです。

私のように多くの人は、原因を自分ではなく相手に求めます。「なぜわかってくれないんだ」と矢印を相手に向けます。もしくは人からなぜよく思われないのか、なぜ誤解されるのかと、人からどのように思われるかを気にし過ぎます。それがゆえに、悩み、苦しむのです。

西郷隆盛は『**南洲翁遺訓**』（松浦光修、ＰＨＰ研究所）のなかで次のように言っています。

「人を相手にせず、天を相手にせよ。天を相手にして己れを尽くし人を咎めず、我が誠の足らざるを尋ぬ可し」

多くの人の悩みが、相手にわかってもらえないために、相手にどう思われているか気にし過ぎるために起こるのであれば、西郷隆盛は、そんなことは相手にするなと言っています。人のことを気にせず、人に求めず、とがめたりもせず、自分が人として正しいと思う道をひたすらやっていけばいい。そう言っているのです。

『南洲翁遺訓』は人間塾の第7回の課題図書でした。ディスカッションの場で、塾生の一人である原田さん（仮名）は社長との人間関係の悩みを話されました。原田さんはある専門商社の営業本部長で会社のナンバー2の重要な立場です。しかし、その商社は社長がすべてを決める典型的なトップダウン企業でした。そして、部下の立場からすると、現実的であるとは思えない販売予算を部下に押しつける一方で、使える経費の予算は削減する。さらに、社長は部下のことを信じていないため、部下や現場が考えた営業プランや戦略をことごとく却下する。「だったら本部長の俺なんていらないじゃないか。もう会社を辞めたほうがいいんじゃないか……」。そのように原田さんは話されました。

そこで私は原田さんにこう問いました。「原田さん、西郷隆盛のこの言葉はまさに原田さんのためにあるような言葉かもしれませんね」と。そして、次のように続けました。

「原田さんにとって、〝人〟とは社長のことかもしれませんね。もしかしたら、原田さんは社長という〝人〟を相手にしているのではないでしょうか？」「そうではなく、原田さんが正しいと思う道だけを見ればいい、と西郷さんは言っているのかもしれません」「社長が賛成しようが反対しようがそれに振り回されることはない。認めてもらえなくてもいい。実現しなくてもいいから、〝天〟だけを相手にして、自分が信じる〝誠〟だけを見続ける。『人を咎めず、我が誠の足らざるを尋ぬ可し』西郷さんはそのように教えてくれているのかもしれません」

原田さんはこれまで相当に辛い思いをされてきたのだと思います。その場で人目もはばからずに号泣されました。そして「人間塾のおかげで、自分の人生が見えました」とおっしゃってくれました。

会社がわかってくれない。上司がわかってくれない。部下がわかってくれない。子どもがわかってくれない。親がわかってくれない。相手がわかってくれない。このようにほとんどの悩みは「人」に集約されます。

カナダの心理学者エリック・バーンは「過去と他人は変えられない。未来と自分は変えられる」と言っています。

相手を変えることはできないが、自分を変えることはできる。自分を変えることが問題解決の手段になるのであれば、相手をどうにかしようと考える前に、まずは自分を修めること。つまり自分自身の人間力を高めることが大切なのです。

では人間力を高めるにはどうすればいいのか。古典を、読むのです。

古典は悩みの本質に気づかせてくれる

古典を読むと私たちは悩みの本質に気づくことができます。

悩みの本質に気づくとはどういうことか？

私たちは悩みを抱えていると、悩みの根本の部分ではなく表層ばかりを見ようとします。そしてその表層に何らかの対処をすることで、問題解決を図ろうとします。

人間塾で東井義雄氏の**『東井義雄「いのち」の教え』**（佼成出版社）が課題図書だったときのこと。ある方のお子さんの不登校問題が話題にあがりました。そこで参加者同士で、東井氏の教えの中から答えを探そう。不登校をなんとか解決できるヒントを探そうと話し合いました。しかし話し合った末に出た答えは、不登校を解決する方法ではありませんでした。たどりついたのは、問いの立て方自体が間違っているのではないだろうか、という根本でした。

最初に皆で立てた問いは「不登校を解決したい」でした。そうすると極端な話、子どもをだまくらかしてでも学校に行かせるか。その方法を考えることになります。しかし、そもそも親が子どもを何とかして学校に行かせようと思うのは、本当にいいことなのか？　そもそも子どもの人生は誰のものなのか。子どもは、辛い思いを我慢してまで、本当に学校に行かなくてはいけないのだろうか？　子どもにとっての幸せとは何なのか？　そちらのほうへと問いの立て方が変わったのです。

問いを「不登校の問題」とすると、学校に行かせる・行かせないという方法論に終始します。これはいわばビジネス書的なフレームです。しかし古典的なフレームで考えると、その問いのもっと根本的な点、すなわち生き方に焦点が当たっていくのです。

このように古典は、私たちの視野をぐぐっと広げてくれます。そして問題の本質を見極めさせてくれるのです。

人間塾で出た別の体験エピソードを紹介します。ある方のお母さんの話です。

母親が脳梗塞で倒れたが、何とか一命を取り留めた。薬を飲むことは必須であり、薬を飲まないと脳の血管が詰まって倒れてしまう。ところが母親は面倒くさがって薬を飲まない。しかも、もともと糖尿病の持病があるため糖質制限をしなければならないのに、家族に隠れて大福餅を食べてしまう。これも命取りになる。しかし母親はやめようとしない……。

実はこれは、私の母の話です。

「どうしたら母親に薬を飲ませることができるか」「どうしたら大福餅を食べるのをやめさせられるか」。通常、私たちはこのような問いを立てます。そして何とかして薬を飲ませよう、大福餅を食べるのをやめさせようとします。

しかし結論として私が母に伝えた答えは、次のようなものでした。

「母ちゃん、俺は母ちゃんに死んでほしくないよ。1日でも長く生きていてほしい。だから本当は母ちゃんに薬を飲んでほしいし、大福餅も食べてほしくない。でも、それは母ちゃんが決めることだから。母ちゃんの人生だ。でも、俺は母ちゃんに長生きしてほしい。それしか言えないよ」

母の人生は母のものです。私が母に言えるのは「俺は母ちゃんに生きてほしい」というただ1点であり、私にはそれ以外を言う資格はありません。そのためには薬を飲まなくてはいけないことなど、私が言うまでもなく母はよくわかっているのです。たとえ私の思いとは違うことを母がしたとしても、その選択自体を受け容れるしかない。これが私が人間塾で学んだ、私なりの考え方です。

江戸後期の僧侶である良寛和尚は、「災難に遭う時節には災難に遭うがよく候。死ぬる時節には死ぬがよく候。これはこれ災難を逃るる妙法にて候」と言っています。「災難にあったときは災難にあうことがよい、死ぬときは死ぬのがよい、これが災難を逃れる唯一の方法である」とおっしゃっているのです。簡単に言えば、起きることはすべて自然の摂理。自然に逆らってもしかたがない、逆らうから苦しくなるのだ、といった意味です。

仏教はもともと仏陀が人間の苦しみからどのように逃れるか、からスタートしています。人は欲を持つから苦しい。どうにもならないことに逆らうから苦しい。そうであれば、**起きたことはすべてを受け容れ、自分ではどうにもならないことには逆らわない**。これが唯一の解決策となります。

さきほどの私の母の話が、まさにこれだと言えます。私は母に薬を飲ませたり、大福餅をやめさせたりすることはできない。それで母がどうなろうとも、自分はそれを受け容れて精一杯生きていく。それしかない。

古典を読むと、今までの表層的な、ビジネス書的フレームがガラガラと崩れていきます。そして根本にある本質が見えるようになる。つまり相手に向いていた矢印が、ようやく自分に向かうのです。矢印が自分に向かって初めて、実は自分の人間力に問題があるのではないか、人間力が大切なのではないか。そこにたどりつきます。古典はこのように、物の見方を変え、問題の本質に気づかせてくれるのです。

人間力と心・技・体

古典は心・技・体の心と体

スポーツの世界でよく使われる言葉に「心《しん》・技《ぎ》・体《たい》」というものがあります。心＝精神力、技＝技術力、体＝身体力。この三つが整うと人間は最高のパフォーマンスが発揮できると言われています。

さきほど、ビジネス書で得られるものはスキルであり、古典で得られるものは人間力であると話しました。ビジネス書と古典をこの心・技・体で捉えると、次のように単純化することができる、と私は考えます。

技＝スキル　ビジネス書で身につく
心・体＝人間力　古典で身につく

「技」はビジネス書で身につけられる知識や技術のこと。「心」は古典を読むことで得られる人間の根本的な心のあり方のこと。「体」は習慣と行動、と私は定義しています。

皆さんはどうでしょうか？「技」つまりスキルにばかり目がいっていないでしょうか？

20代、30代の頃の私もそうでした。ビジネス書を読むことでスキルはさんざん磨きました。しかし人間力にはまったく目を向けていなかった。心・技・体の「技」だけを学び、「心」と「体」は鍛えることもなく放置していたのです。

心・技・体が揃うことで人間は最高のパフォーマンスを発揮できるならば、「技」だけでなく「心」と「体」の鍛錬も当然必要です。いや、西郷隆盛や松下幸之助さんがおっしゃるように、「技」はなくともまずは「心」と「体」を身につけること。これが何より大切だと思います。

ではこの「心」と「体」の関係とはどのようなものなのでしょうか。

陽明学を提唱した王陽明の有名な言葉として「知行合一《ちこうごういつ》」というものがあります。「知っていることと行うことはイコールである。知っているだけで実行していないということは、知っていることにはならない。それは知らないということだ」という意味です。逆もまた真なりです。「実行してみないと本当の意味で知ることはない」そして、知ることと行動することはどちらが先で、いずれかが後なのではない。同時なのだ。そのように喝破されています。

まさにこれが、古典を学ぶ際に私が大切にしている「心」と「体」の関係を言い表していると言えましょう。古典を読むことで人間力とは何かがわかる。これが「心」です。しかし一方で、古典を読むだけで「体」を行わなければ、何もわかっていないのと同じことになる。つまり**古典を読んで実行しなければ、本当に理解したことにはならない**。「心」と「体」の両方がないと、人間力は身につかないのです。

そこで私は人間塾を始めたときに、次のようなポリシーを立てました。

人間塾は単なる読書会ではありません。本を読むこと以上に、会を通じて「利他の心」で「献身」することを重視します。会の中でどのように振る舞うのか？会に来る前の電車の中、家族への接し方、日頃の職場での働き方、すべてが学びの場であり、人間塾である、との考えで会を運営しています。

繰り返しになりますが、古典を読むと人間力が高まります。しかし、古典を読むだけでは人間力は高まりません。古典＝人間力＝心と体ですから、読むこと（心）と同時に行動と習慣化（体）が必要なのです。

心だけでは体をなさない

この「心」と「体」の話は、セミナーにたとえるとわかりやすいと思います。あっちのセミナーへ行ったり、こっちのセミナーに顔を出したり。何十件もセミナーを回る、「セミナー難民」と言われる人がいます。この人たちは次々とセミナーに行くことで知識が身についた気になっています。しかし結局、勉強したことは何一つ身についていない。「心」を行うだけで「体」をまったくしていないからです。つまりセミナーで話を聞いたらそれで満足し、一つも実行していないのです。

何件もセミナーに行く時間があったら一つでもやればいい。読書も一緒です。次々とビジネス書を読む時間があるなら、一つでもやればいい。私はそう思います。

実は古典を読んでいる人の中には、知識だけを身につけている人がいます。歴史的背景や著者の人物についても知見が豊富で、話されることが非常に立派。ただし、なぜかその言葉には説得力がない方が結構いらっしゃるのです。推測ではありますが、古典を何十冊も読んで学ばれたつもりでいるが、おそらくは何も実行されていないのだろうと思量します。

「技」があり、知識があっても、「体」がなければそれは「心」に届きません。本を読んでスキルを理解しても、「体」に落とさなかったなら「心」も変わらない。心・技・体の「心」も「体」もゼロでは、古典を読む意味がないのです。

古典を読んで詳しくなってくると、知識に関する議論をしたがる人がどうしても出てきます。そこで人間塾では知識を競わないことを前提としています。私たちはそんなことをするために人間塾をやっているのではない。学者になるために皆で本を読んでいるのではない。本を読んだら、小さなことでもいいから、とにかく実践する。家に帰ったら、いや、電車の中、いや、今この塾の会場で。このように、小さなことからすぐに実践することを人間塾では何より大切にしているのです。

「心」から入らなければ習慣は身につかない

反対に、「体」すなわち実践はあるけれど「心」がないという人はいない、と思ってもいいでしょう。たとえ、古典を読んでいなくても、そこに書かれている教えをすでに実践できている方は、すでに立派な心ができているといってもいいでしょう。もしも、あなたの周りに、口で言っていることと実行していることが不一致、言行不一致な人がいた場合、あなたはその人の言葉と行動のどちらを信じるでしょうか？ほとんどの人が行動を信じるのではないでしょうか？それと一緒です。

では、古典を読まずして立派に実践をされている方はどのようにして生き方を学んだのでしょうか？私が知っているそのような方々の多くは、以下のいずれかに該当するようです。

一つは、ご両親や恩師など身近な人からの影響を受け、古典を読まずして実践できるようになった、という方です。この場合、その方に影響を与えたご両親や恩師の方が古典を勉強されていた可能性が高い。つまり、学んでいないはずのその方は、間接的に古典を学んでいた、と考えることもできるかもしれません。

もう一つは、仕事や日々の生活の中で苦労と内省を重ねた末に、古典の教えと同じ結論に自ら到達された方々です。

たとえば東井義雄氏の『東井義雄「いのち」の教え』には、素晴らしい習慣が身についている仏様のような先生や市井《しせい》のご両親がたくさん出てきます。実践できているが、それを表現する言葉を持ち合わせていない。ただそれだけなのです。

そういう意味では、人間力とは究極は「体」である。そう表現することもできます。「体」ができている人。つまり**行動化、習慣化できている人こそが人間力がある人なのです。**

ではなぜ古典をあえて「心」と「体」と定義するのか。なぜ「心」が必要なのか。

古典を読まずとも素晴らしい習慣があたり前のように身についている人は確かにいます。しかしそれは何千人、何万人に一人の天才です。私を含め多くの凡人は、残念ながら、良き習慣を身につけなさいと言われても、それがなぜ必要なのか、また何をしたらよいのかがわからない。そこで古典が必要になるのです。古典を学ぶことで、ようやく何をしたらよいのかがわかり、その行動の習慣化への一歩を踏み出せる。そう思います。

「心」と「体」は一方通行ではありません。「心」と「体」は、相互依存関係（相互に影響を与え合う関係）にあります。古典を読んで考え方が変わり、学んだことを実行する。これが「心」から「体」です。そして実行して習慣化すると、古典に書かれた真の意味がやっとわかり、さらに自分の「心」が変わっていきます。これが「体」から「心」です。まさに知行合一。王陽明がおっしゃった真理がここにあるわけです。

たとえば柔道や空手では、道場に入る前に必ず礼をします。これを1万回、10万回と続けていると、その意味が「体」に落ちて「心」が変わっていきます。これが「体」から「心」です。

また、私が敬愛する鍵山秀三郎さんは、人間の第一条件として、「まず謙虚であること」をあげています。そして謙虚になるための一番の近道としてトイレ掃除を推奨されています。実際に鍵山さんご自身も、50年以上の間トイレ掃除をされています。鍵山さんは次のようにおっしゃいます。「心を取り出して磨くことはできません。ですから便器を磨くのです」。便器を磨くこと。これが「体」です。便器を磨いていると心も磨かれる。まさにこれも「体」から「心」です。「体」から「心」へ、「心」から「体」へ。これを繰り返すことで、人間力が少しずつ高まっていくのです。

心と体の行き来が人間力を高める

「心」から「体」へ。「体」から「心」へ。「心」と「体」を行き来しているうちに、少しずつ人間力が高まっていくと言いました。それは具体的にどういうことなのか。たとえをあげるとわかりやすいかと思います。

森信三氏の『修身教授録』に「下座行《げざぎょう》」という言葉が出てきます。「自分本来の位置よりもわざと一段低い位置に座る」こと。つまり自分が普段やっていることよりも一つ下のこと。たとえば社会的に地位が低いとされていることをやる。これが下座行です。

私は、かつて数年間、鍵山秀三郎さんが主催されている「日本を美しくする会」に参加していました。同会ではボランティアで、新宿歌舞伎町や渋谷道玄坂など繁華街のごみ拾いやどぶさらい、トイレ掃除などをしています。掃除をしているとさまざまなことが見えてきます。

たとえば、私が地面に、はいつくばってどぶさらいをしていたとき。そのどぶに平気でタバコを捨てていく人がいました。別の日。朝の5時に新宿の歌舞伎町に集まり、私たちはごみ拾いをしていました。道には空き缶や弁当のくず箱などが散乱しています。もくもくとそれらのごみを拾っていると、近くを歩いていた酔っ払った20代の男性が私に「邪魔だからどけ」と言ってきました。

掃除している目の前でごみを捨てられる。ごみを拾っていたら「邪魔だからどけ」と言われる。通常であれば、くやしい。こいつ、ふざけるな。そう思います。しかしそのとき私は、黙って捨てられたタバコを拾いました。「邪魔だからどけ」と言われて、「すみません」と言ってそこをどきました。なぜか。そこで言い合いをするのは自分のため。自分のプライドのためです。しかし私たちは自分のためではなく、誰かに喜んでもらいたいから掃除をしている。ですから黙ってタバコを拾えばいい。堂々と「すみません」と言ってどけばいいのです。

こういったことを経験したことのある人とない人では人生がまったく違う。私はそう思います。たとえば上司になったとき。「邪魔だからどけ」と言われた経験がある人は、部下の「一段低い立場」にいることのくやしさが身にしみてわかるはずです。

すると、部下にかける一声が変わってくる。部下を叱るとき、仕事を頼むとき、指示するとき、部下の気持ちを汲んだうえでの一声がかけられるようになる。「ありがとうね」「頑張ってくれているね」という気持ちが自然に込められるようになるのです。これこそが「体」であり、「心」です。「体」が「心」になるとはこういうことなのです。

たとえば自分でトイレ掃除をしていると、飲食店などのトイレがしっかり掃除されているかどうかがわかるようになります。そしてしっかり掃除されているトイレを見ると、しみじみと感動を覚えます。それはなぜか。隅々まできちんと掃除をすることがどれだけ大変か、身をもって知っているからです。

トイレのパイプの裏側の狭いところまで頭を突っ込んで掃除しているんだな、床にひざをついて雑巾をかけているんだな。きれいなトイレを見ると、そういったシーンが「体」として、自分の体験として、よみがえってきます。そして自然に「一生懸命きれいにしてくれてありがとう」という感謝の気持ちが湧き上がってきます。この感情は体験していなければ決してわからない。トイレ掃除をしていなければ、「きれいなトイレだな。当然だな」としか思わないのです。

よく「感謝することは大切」と言われます。誰もがそんなことはわかっています。

しかし真の意味はわかっていない。感謝の真の意味は、人に言われたからといって、本を読んだからといって気づけるものではありません。**真の意味をわかるためには、頭ではなく「体」に落とすことが必要なのです。**

古典を読んで実際にトイレ掃除をする。それを1回だけでなく何度も繰り返す。そして飲食店のきれいなトイレに出会う。そこで初めて感謝の気持ちに気づく。こうやって「心」と「体」を行き来すること。そうすることでようやく人としてのあり方が、生き方が変わっていくのです。

自分を育てるのは自分

古典を読むとアンテナが立つ

ここまでのお話で、すでにおわかりかと思います。古典を読んだからといって次の日からハッピーになれるわけではない。古典に問題の解決方法が書いてあるわけでもない。上司や部下との人間関係に悩んだらこうしなさい、親子関係、夫婦関係に悩んだらこうしなさいなどとは、古典のどこにも書いていないのです。

では古典は何のために読むのか。

古典は言ってみれば筋力トレーニングのマシーンのようなものです。トレーニングマシーンはただそこにあるだけでは意味がありません。自分でマシーンを動かして初めて、筋肉をつくることができます。しかし一方で、間違ったトレーニングをすると筋肉を痛めてしまう。そこで筋肉をつくる際は、まず自分に合った適切なトレーニング方法を知る必要があるのです。

古典もこれと同じです。古典を読むことで自分に合った「自分の育て方」を見つける。そこからようやく自己教育がスタートするのです。

ではなぜ古典を読むと、自分に合った自分の育て方が見つかるのか。古典を読むと、私たちは「アンテナ」を立てることができるようになるからです。

アンテナが立つとは、起こった出来事一つひとつの意味づけがしっかりとわかるようになる、ということです。通常であれば何の学びもないと思われる出来事が、アンテナが立つことにより、がぜん意味を持ち始めてくるのです。

仏教に「お布施」という言葉があります。差し上げたほうがもらった側に「私にこのような機会を与えてくれてありがとうございます」とお礼を言う。これがお布施の考え方です。通常の礼儀の概念で考えれば、もらった側がお礼を言うはずです。なぜ差し上げた側が、差し上げたうえにさらにお礼まで言うのでしょうか。

私がこの教えの意味を真に理解したのは、次のような体験からです。

人間塾の塾生の一人に橋本博司さんという方がいます。橋本さんはＮＰＯ法人を立ち上げ、カンボジアで小学校を建てています。カンボジアでは1975年から約4年間、クメール・ルージュによる大虐殺が起こりました。800万人程度の人口のうち、その4分の1にあたる200万人以上が処刑された。とくに知識階級とされる教師や高学歴者は全員殺され、学校もつぶされました。このときに国の教育制度が1回崩壊してしまったのです。その後、橋本さんは大学生のときにバックパッカーとしてカンボジアを訪れます。そこで子どもたちが勉強したくとも学校がないことを目の当たりにし、「小学校をつくる仕事をしよう」と決めます。そして実際にボランティアで学校づくりを始めたのです。

その橋本さんが人間塾に来てくれたときのこと。世の中にはすごい人がいる。ぜひ教えを乞いたい。できるならば何かお手伝いさせてほしい。私はそう思いました。そこで私は橋本さんにお願いしました。「何か私に手伝えることはありませんか？ぜひ手伝わせてほしい」と。ちょうどそのとき橋本さんは、カンボジアに学校を建てるためのお金をクラウドファンディングで募っていました。しかし目標額に100万円弱足りない。あと1週間以内に募金が集まらないと、不成立となりお金はすべてせっかく募金をしてくれた人の元へと返金されてしまう。「ヒロさん。ヒロさんの発信力を使って、ぜひカンボジアの実情を世に発信していただけませんか？」。そう橋本さんに頼まれた私は、すぐにメルマガやFacebookに記事を書きました。人間塾でともに学ぶ塾生であり、尊敬する若手経営者である橋本さんが、カンボジアの子どもたちのために学校をつくっている。彼の活動とカンボジアの惨状を知ってほしい。そして、もしもその志に共感してくれたなら、1000円でもいい。気持ちを募金に変えてほしい、と。

するとわずか1日で100万円もの寄付金が集まり、あっという間に目標額を達成することができたのです。やったぞ！と私は思いました。私は橋本さんを手伝ってあげることができたぞ。100万円もの募金を集めた。しかも目標額以上にお金が集まった。「俺ってやるじゃん」。そう思ったのです。

その後、橋本さんに募金の状況を見せてもらうと、人間塾の仲間を中心に、多くの私の友達が寄付してくれていたことがわかりました。私はそこで、ようやく募金をしてくれた仲間に対する感謝の気持ちが湧いてきました。ありがとう、みんな。私を信じて、私の尊敬する橋本さんを、塾の仲間である橋本さんを応援してくれてありがとう。そして、気づきました。私は感謝の気持ちに気づくことが遅いな、と。まずは自分の手柄を喜ぶガッツポーズが心の中で湧いてきた。そして、しばらく経ってからようやく、仲間の協力に感謝する気持ちが芽生えてきた。本来は、真っ先に仲間への感謝の念が起きてしかるべきだ。その意味では、私の人間力はまだまだ低いな。私はそう気づきました。

ところが、私の人間力の低さへの気づきはそれだけではありませんでした。それは、私がクラウドファンディングの事務局の方とお話をしているときのことでした。その方は私にこう教えてくれたのです。「Aさんが、残り二十数万円というところで、一気に30万円も寄付してくれました。その瞬間にクラウドファンディングが成立しました！」。そう教えてくれたのです。私にはわかります。(私のクライアントである)A社長は会社ではなく個人でお金を出されたに違いありません。そしてA社長は、社長であっても、決して高い給与を取らず、会社員とさほど変わらない給与しか取っていないことも私は知っていました。

そこで私はA社長にお礼のメールを書きました。「A社長のおかげで達成できました。ありがとうございました」と。するとA社長から、「いえいえ、お礼を言うのはこちらです」と返信がきたのです。A社長からのメールは次のような内容でした。

「私がお金を出すことは、ある意味、簡単なことです。尊いのは橋本さんです。橋本さんがここまでやってくださったおかげで、私は寄付することができました。橋本さんがこれまで現場で汗を流してこられて、苦労して苦労してゼロからやってこられた。そこにお金を出すなんて一番楽なのです。ですからこんな機会を提供していただいた橋本さんに、ぜひお礼を言わせてください」

これがお布施だ。30万円払ってお礼を言わせてください。これがお布施の教えなのだ。私はその瞬間にお布施の意味を体で、体験として理解しました。と同時に、してやったくらいに思っていた自分の情けなさに気づいたのです。

もし私がお布施の心を知らなければ、A社長の言葉の真意に気づかず、さらっと流していたはずです。募金を集めて「俺はカンボジアの力になった」と思っている自分の情けなさに気づかなかったはずです。古典を読んでいるからこそ、古典を読みアンテナが立っているからこそ、気づくことができる。いい意味も悪い意味もわかる。そして見たくない自分の弱点も見えるのです。

アンテナを立てずに生きていると、人は起きたことすべてを自分の都合のいいように解釈します。自分はできていると勘違いして生きていきます。これを心理学用語で

「認知のバイアス」と呼びます。ですから古典を読んで、これまでの自分が持っていたのとは異なる視点というアンテナを立てて一つひとつの出来事から学ぶことが大切であり、その積み重ねが人間として大きな差を生んでいく。私はそう思います。

古典を読まないと起きたことの解釈を間違う

しかし、古典を読みアンテナが立ち、起こった出来事一つひとつの意味づけがわかったところで何のメリットがあるのか。そう思われる方もいるかもしれません。では反対に、古典を読まないとどうなるのかを考えてみましょう。古典を読んでいないと、私のような凡人は起きたことの解釈が偏ってしまい、その経験から正しく学ぶことができないのです。

江戸時代の朱子学者、佐藤一斎の有名な言葉に次のようなものがあります。

「一燈《とう》を提《さ》げて暗夜《あんや》を行《ゆ》く。暗夜を憂《うれ》うること勿れ。只《た》だ一燈を頼《たの》め」（言志四録、PHP研究所）

真っ暗闇の中を一つの提灯を持って歩いていく。提灯で照らされている範囲以外は真っ暗である。しかし暗がりを怖がったり、心配したりする必要はない。ただ一つの明かりだけを見て進みなさい、といった意味です。

一燈は「志」だと私は捉えています。志やビジョンをかかげてチャレンジすると、多くの暗闇に囲まれます。

たとえばあなたが会社を立ち上げるとします。すると周りがあれこれと言ってきます。「失敗するからやめておけ」「どうせうまくいかないぞ」「世の中そんなに甘くない」と。実際、銀行で口座が開けなかったり、オフィスを借りられなかったり、お金が足りなかったり、取引がなかなかうまくいかなかったり。そんな不安が次々と襲ってきます。そのときに、闇夜を見るのか。それとも一燈を見るのか。つまり周囲の言葉や不安な気持ちを恐れて歩みを止めてしまうのか。それとも自分の志を見て、自分の行きたい道を信じてひたすら歩くのか。この言葉を知っているか知らないかで、私たちの判断は大きく変わってくるはずです。

起きたことの出来事を何と解釈するか。どう判断するか。一つひとつの解釈・判断で人生の歩み方はがらりと変わっていきます。そこでの解釈・判断の視点は、古典を読み、実践していくことで深くなっていくのです。

たとえば、二人の人が重い病気にかかり入院したとします。一人は、病院のベッドでひたすら嘆き悲しみ、運命を恨み過ごします。そしてもう一人は、古典から学んだ視点からこの状況を受け止めて、周囲の人への感謝に気づく。そして、これまでの自分の人生を振り返り、今後の生き方を変えていくチャンスである、と考える人もいるでしょう。たとえ同じ境遇に出合っても、何を考え、どのように生きるかは捉え方次第です。その差を生むのが古典を読むことで得られる視点の種類と深さだと私は思います。その視点をどれくらい持っているか。「体」に落としているか。その違いが人生の違いとなる。私はそう思っています。

心と体がスパイラルアップしていく

では、古典を読み、自分のなかにさまざまな視点を持ち、それが深みを持つようになっていったとすれば何が起こるのでしょうか。

前項で、古典は心・技・体の「心」と「体」である。「心」と「体」を行き来しているうちに、少しずつ人間力が高まるとお話ししました。古典を読むことで視点が身につき深まると、まさにこの現象が起こるようになります。それはどういうことでしょうか。

たとえば私がまだ古典を読む前。先輩や目上の人と駅に向かい、それぞれが別の電車に乗るシーンでのことです。駅構内の分岐点で「じゃあこちらで」「では失礼します」と別れると、私はさっさと自分の電車のほうへ歩いていました。しかし古典を読んで「下座行」の概念を知ってから、先輩や目上の人は敬うべきであると遅まきながら気づきました。それから、私は、先輩や目上の人が見えなくなるまで見送ってから、自分の電車へと向かう。これを習慣化するようになりました。

以前はそういった体育会系的な振る舞いがとても嫌いでした。しかし古典を読み、下座行の概念を知ってから、嫌いだと考えていた自分が非常に子どもじみているように思えたのです。そこで「体」を変えてお見送りを行うようにした。それだけでなく、今まで嫌いだったそのほかのこともあえてやり始めた。すると、結局自分がいかに自分を優先しているか、自分のことばかり考えているかということに気づいたのです。

「体」をやることで「心」が変わった瞬間でした。

このように、「体」をやると次の「心」が見えてきます。するとまた次の「体」をやるようになるのです。「心」から「体」へ、「体」から「心」へと行き来しているうちに、それは平面上で行き来するのではなく、螺旋《らせん》階段を登るように少しずつ上昇していきます。これこそが人間力をつける、ということではないでしょうか。

この「心」と「体」の行き来にゴールはありません。人間力が上がれば、その段階で新たな「体」が見つかります。その「体」を行うことで「心」が変わる。「心」が変わることで新たな「体」が見つかる。そうやって永遠に人間力は高めることができるのです。

人間力を磨き続けると、何が起こるのか。**心の根が太くなり、どんなことがあってもゆるがない、ブレない自分に近づくことができるようになる**、と私は思います。

ブレない人間になるためには、自分で自分を育てるしかないのです。東井義雄氏の本に『**自分を育てるのは自分**』（致知出版社）という名著があります。まさに自分を育てることができるのは自分。そのために、凡人である私たちが避けて通れない道にして、最良の道が「古典」を読むことなのです。

「人間塾」塾生から
“古典”の人生への活かし方

“本当に心に残ること”を教え育てる

大累　靖弘さん

『人間塾』に入る前まで、古典はまるで読んだことがありませんでした。外資系の会社に勤務しているせいか、余計、古典には縁がありませんでした。ずっと営業畑でしたので、成績がすべてです。ライバルをいかに出し抜くか、上にあがるか。外資系はご承知のとおり競争が厳しく、結果が伴わなければすぐに立場が危うくなります。読書は、MBA関連やビジネス書が中心で、いかに成績を上げるかを主眼にインプットしていました。手前味噌ながら、何度も営業成績トップをとり、社長賞ももらいました。

転機となったのは、プレイヤー(いち営業マン)から、部下をまとめ、育成するマネジャー職に昇格したことでした。トップセールスマンを自負していたので、はじめは私なりの考えで指導し、いわば自分のコピーさえつくればいいと思っていました。しかし、なかなかうまくいきませんでした。所詮コピーはコピー以上にはなりません。管理する人間として何かバックボーンとなるものが必要だと思うようになったのです。

そんなあるとき。たまたま小倉さんの本を読んでいてすごく共感を覚えていたら、タイミングよく大学時代の後輩から「小倉さんの

『人間塾』に入りました」と連絡がきたのです。小倉さんに会いたくて（ミーハー気分もあり）、私も即参加することにしました。

最初の課題図書は『菜根譚《さいこんたん》』でした。予習は相当していましたが、皆さんの話を聞いているうちに、自分のあまりの読めなさにびっくりしました。職業柄、スピーチは得意でしたが、発表の場で止まってしまったのです。読み方が浅かったのです。ほかの参加者のスピーチを聞くと、いろいろなことが勉強になりました。『菜根譚』にはさまざまな思想が詰まっていること。孔子、老子、仏教……などなど、まさに今のマネージャー職に必要なことが詰まっている！ そこから古典にのめり込みました。たとえば中国の僧侶、臨済の教えをまとめた『臨済録《りんざいろく》』。そこには、相対評価は意味をなさないというような言葉がありました。たしかに今思い返しても社長賞をとったことは特に思い出になっていなく、むしろ、「あのときお客さんがすごく喜んでくれたよな」というようなことばかりが心に残っています。

『臨済録』をはじめ、さまざまな古典を読んでいくうちに姿勢が変わりました。営業においては、「売る」という姿勢から「人の役に立つ」という気持ちが強くなりました。「どれだけ人の役に立てたか」が成績につながる、そう思うようになりました。

今、部下にはまず数字より「人の役に立つ仕事をしよう」と指導しています。古典に学びはじめ4年ぐらい経ちますが、着実に部下は育っています。

第 2 章

古典の読み方

古典を読む際の心構え

ビジネス書は目的ありき、古典は目的なしで読む

第1章ではビジネス書と古典の違いに何度か触れました。

読むときのスタンスにおいてもビジネス書と古典では異なります。ビジネス書は何らかのノウハウを手にするために読むもの。いわば目的ありきで読むものです。

一方の古典は、生き方や、人生といった漠然とした大きなものを学ぶため、そして人間力を高めるために読むものです。しかし読んだからといって、そこには「これ」という明確なものは何もありません。つまり古典は、すぐに何かを手に入れるために読むのではない。極端に言えば、まずは無目的に読むものだと言えます。

そういう意味で考えると、**古典を読む目的とは、「そもそも人は何のために生きる**

のか」という問いに近いものだと私は思います。哲学的な問いであり、非常に深い問いである。この問いに明確に答えられる人はなかなかいないでしょう。
森信三氏は、人は何のために生きるのか、という問いに対し、次の二つをあげています。

1　生まれながらにもって生まれた素質、天分を発揮し
2　自分の仕事を通して多少とも人のため社会のため尽くすところに、その人のこの世に生きる意義はある

つまり人が生きる意味とは、天からもらった能力を存分に活かし切ること。そしてその能力を活かし切って誰かのお役に立つこと。この二つだとおっしゃっているのです。古典を読む目的は、あえて言うならばこの二つにある。そして人間力を高めるというのはこの二つを高めることだ。私はそのように解釈しています。

また森信三氏は読書について、「読書は心の食物です。人生に重大な意味を持つ経験は心の養分となりますが、その意味の深さは読書の光に照らして初めて見出せるの

です。『一日読まざれば一日衰える』と覚悟し、心の養いとなる良書を読むことが大切です」（『修身教授録』致知出版社）とおっしゃっています。人間が生きていくうえで読書は食事と同じように欠かせないもの。読書をして心の滋養をとらないと心根がやせ細ってしまう。心根を太くするためにも読書は至極当然の毎日の行為であり、当然のように読むものである。そうおっしゃっているのです。

これこそが古典を読む際のスタンスだと私は考えています。ですから私も古典を読む際は、栄養素として必要なものは全部取り込むという心構えで、体に落とし込むように読んでいます。

一つひとつ柱を積んでいく作業が古典を読むということ

ところで、ここまで幾度となく繰り返し繰り返し「人間力」という言葉を出してきました。そもそもこの人間力とは何なのか？　また、人間力がある人とはどういう人のことを言うのでしょうか。

人間力という言葉は、世間でも最近耳目に触れるようになりました。2003年には内閣府により「人間力戦略研究会」が発足し、レポートが発表されているほど、政財官の耳目を集めていることがうかがい知れます。私自身、さまざまな書物で人間力に関する記事を読みました。しかし「人間力とは何か」について明確に答えているものを、私は未だに見つけることができていません。

ですから私が今、「人間力とは何か?」と問われても、理路整然と答えることはできない。しかし人間力をイメージさせる、いくつかのキーワードをあげることならばできます。

儒教の徳目に「五常（五徳）」というものがあります。有名な仁、義、礼、智、信のことです。ごくごく簡単に説明すると、「仁」は人を思いやり愛すること。「義」は義理や義務といったなすべきことをすること。「礼」は仁を具体的なかたちとして表に現した礼儀のこと。「智」は道理を知っていること。「信」は誠実などを意味します。こういったものが人間力なのだろう。これらがある人が、人間力のある人なのだろうと考えます。

たとえばアドラー心理学には、「共同体感覚」という重要なキーワードがあります。

共同体とは、家族、会社、市町村、国、世界、地球などすべてを指す幅広い概念です。そして、それらの共同体を自分と同じかそれ以上に大切にする感覚が共同体感覚です。共同体感覚が高い人も人間力がある人であろうと、私は考えます。

または、現代カウンセリングの基礎を築いたといわれるカール・ロジャーズは、カウンセラーに求められる三つの条件をあげています。それは「自己一致」「共感的理解」「無条件の肯定的関心」です。自己一致は、抑圧や否定や歪曲がなく、自然体で裏表がない状態のこと。共感的理解は、自分とは違う立場にいる人を、評価や判断をせず相手の立場に立って相手を理解しようとする姿勢。無条件の肯定的関心は、あらゆることを否定せずに肯定的に捉え、関心を持つ姿勢のことです。これらも人間力であり、これらを持っている人は人間力のある人なのだろうと思います。

人間力を一言でスパッと定義することはできません。しかしこのように、孔子や孟子に代表される儒教の教えや、アルフレッド・アドラー、カール・ロジャーズらの言葉を借りることで、ぼんやりと人間力のようなものを浮かび上がらせることはできます。これも古典を学んだからこそ、できることであるでしょう。

「人間力」のキーワードをいくつかあげましたが、古典に出てくるエピソードにも「これが人間力だろう」「これが人間力のある人なのだろう」と思えるものが数多く出てきます。

たとえば内村鑑三の『**代表的日本人**』(岩波文庫)には、登場人物の人間力の高さを示すさまざまなエピソードが記されています。その中に次のような話があります。

—ある侍が、主君の命で首府(現在でいう首都)に上り、数百両の金を託されて帰る途中のこと。宿につくと、馬の鞍に財布を結びつけたまま馬を返してしまったことに気がついた。大変な忘れ物をしてしまった。主君にわびるには切腹しかない。そう苦悩していると、真夜中、宿に馬の持ち主がやってきて正直に財布を返しにきた。命が助かった代償として侍はお金を渡そうとするが、馬の持ち主は受け取ろうとしない。侍が「どうしてそんなに無欲で誠実なのか」と問うと、馬の持ち主は「私たちの村に住んでいる中江藤樹先生が、私どもに教えてくださっている」と言う—

中江藤樹は江戸時代初期の陽明学者です。このエピソードを読めば、中江藤樹の人となりを、その人間力の高さをうかがい知ることができるのです。

また、たとえば第1章でも紹介した西郷隆盛の『南洲翁遺訓』の成り立ちからは、西郷隆盛の人としての器の大きさを実感することができます。実はこの書は、西郷隆盛自身が記したものではありません。西郷隆盛の言葉をまとめたものであり、まとめたのは西郷隆盛の敵であった庄内藩（現在の山形県庄内地方）の武士たちだったのです。何と、彼らは敵将であった西郷隆盛の言葉を本にまとめたばかりか、それを風呂敷に背負い、全国で売り歩いたというのです。なぜ、それほどに彼らは西郷隆盛を尊敬したのでしょうか？

戊辰戦争において、庄内藩は西郷隆盛が参謀的な役割を担っていた新政府軍と戦いました。その後、降伏に至り、庄内藩の人々は厳しい処罰を覚悟します。しかし西郷隆盛は減俸を課したのみで済ませ、さらに武士たちの身分も保障しました。それだけではありません。庄内藩の人々が命よりも大切にしていた名誉を重んじ、新政府軍が入城する際には、武士の魂であるはずの刀を持たせず、逆に敗北した庄内藩の藩主たちに帯刀を許し、彼らの面目を保ったのです。庄内藩の人々は西郷隆盛の寛大な処置に感激します。とくに西郷隆盛の人柄に心酔した武士たちが、後年、西郷隆盛のもとを訪れ、その一言一句を書きとめて出版したのが『南洲翁遺訓』なのです。

仇敵すら心酔し、教えを乞う。西郷隆盛は人として何と大きいのか……。このエピソードを知ったとき、私は西郷隆盛の人間力をありありと感じました。

古典を読んでいるとさまざまなキーワードやエピソードから、ぼんやりとした絵が浮かびあがってきます。それらを二つ、四つ、六つ、十と幾重にも組み合わせていくうちに、それらが構造化され、それぞれの関係性や位置関係が見えてくる。そうするとまるでホログラムのようにボワーッと「ある像」が浮かびあがってくるのです。これが人間力というものではないか。私はそう捉えています。

この像を自分のなかで形づくっていくためには、さまざまな古典を読み、その体験を積んでいく作業が必要です。それらを柱のように積みながら、ホログラムのように浮かびあがってくるものを見ようとしながら読む。これが古典を読むということであり、古典を読むに際し必要な心構えだと私は考えます。

古典選びの基礎知識

1冊目をどのように選ぶか？

ではいざ古典を読もうと、最初の1冊を選ぶとき。皆さんにぜひお願いしたいのは、スタートスモールに徹すること。つまり、比較的読みやすい古典からスタートしてほしい、ということです。

せっかく読むのだから、王道の四書五経からいこうか。難解そうではあるけれどまずは体当たりしてみたい。そう考えるのはわかります。私もそうでした。私も最初に『論語』を購入したのは、そのように考えたからです。しかし、実際に体験してみてわかりました。読み慣れる前から難しい本を選ぶと挫折してしまう。しかも一度挫折すると、もう一度手にしてみようとはなかなか思えないのです。

古典を読もうと決心したのに、すぐにやめてしまう。これだけはなんとしても絶対に避けていただきたい。古典を読み続けるためには、内容を理解するよりも先に古典をおもしろいと感じること。これが大切なのです。そのために**1冊目は、現代語で書かれた比較的読みやすい古典からスタートしてほしい**と思います。

そういう意味でいくと、私は、人間塾の課題図書の順番を間違ってしまったと思っています。第4・5回の課題図書を、安岡正篤氏の『いかに生くべきか―東洋倫理概論』にしたのです。

既述したとおり、この本は安岡氏の代表作の一つであり、ぜひ読みたい本です。しかし同書は安岡氏が30代の血気盛んなときに書かれた気合が入った本。漢文の教科書のような内容で非常に難しい。実際に人間塾で読む際も、とても苦労しました。

一方で、安岡氏が70代の頃に書かれた晩年の作品は、エッセイのようなテイストでとても読みやすいものがあります。人間塾の第6回の課題図書に『**運命を創る**』（プレジデント社）、第23回に『**論語の活学**』（プレジデント社）を選んでいますが、これらは読みやすいだけでなく、論語の解釈や漢字の成り立ちなどが出てきて、大変おもしろい。古典はこんなにおもしろく、また奥深いものなのかということに気づかせてくれます。

最初の1冊目がおもしろいと思えれば、当然、次の本へと興味が湧きます。ですからたとえば安岡正篤氏の本であれば、晩年の読みやすい本から入ること。読みやすい本から難解な本へ。ぜひこの順番で読んでいただきたいと思います。

スタートスモールを意識しつつ、では何の本を選ぶか。第1章では私の独自の解釈として、古典は3層構造だとお伝えしました。比較的取りかかりやすい本から入るという前提を考えると、**最初は第3世代の現代で活躍した人々の著作から読むことをおすすめします**。私が推奨するのは森信三氏と安岡正篤氏です。すでにお伝えしたとおり、お二人の本そのものにはたくさんの教えが詰まっています。それだけでなく、お二人の本を読むことで、第2世代、第1世代のキーワードや偉人のエピソードに触れることができます。たとえば森信三氏の本には、吉田松陰の話が幾度となく出てきます。そうすると、吉田松陰とはどのような方なのだろうか？　どんな本を書いているのだろうか？　と、当然気になります。次に何の本を読むべきか、自然に道筋が見えてくるというメリットもあるのです。

もしくは、月刊『致知』などの雑誌や「名著100選」などの情報があればそれを見て、自分のアンテナにひっかかった本にあたってみるのもいいでしょう。その場合は購入する前に、その本についてAmazonのレビューを読んだり、書店で本をパラパラめくってみるのもいいでしょう。そして割合すんなり読めそうか確認したうえで購入すること。**とにかくスタートスモールで始める。**まずこれだけは肝に銘じてほしいと思います。

次は
オリジナルか解説本か？を決める

最初に読む本を決めたら。次に考えるのが「その本のオリジナルを読むのか？それとも解説本を読むのか」です。古典を読む際は、次の三つの選択肢があるからです。

1 オリジナル（原本）
2 解説本
3 小説・漫画

つまり、オリジナル（原本）だけを読むのか。それともその本の解説書も読むのか。もしくはオリジナルを小説や漫画にしたものも読んでみるのか、ということです。

図のとおり、下に行くほど取りかかりやすくなるわけですが、2や3が必要だということは、それだけオリジナルが難しいということでもあります。最初にオリジナルを読んでみて、どうも難しい、なかなか読み進められないと感じたら、いったんオリジナルは脇に置いておき、解説書や小説・漫画から読んでみる。ここでもスモールステップが大切です。**解説書や小説を読んだからといって、読書の価値が下がるわけではない**。むしろ解説書や小説を読んでからオリジナルを読むと、理解度はグンとあがります。

実際、人間塾では『論語』を読む前に、下村湖人の『**論語物語**』（講談社学術文庫）を課題図書にしました。これは論語を小説にしたものであり、この本自体名著として広く知られています。小説バージョンを読んでから『論語』を読む。この順番にしたところ、「最初に小説を読んでいたからわかりやすかった」と非常に好評でした。

体当たりでオリジナルを読もうとしてモチベーションが下がり、二度と読まなくな

古典の選択肢

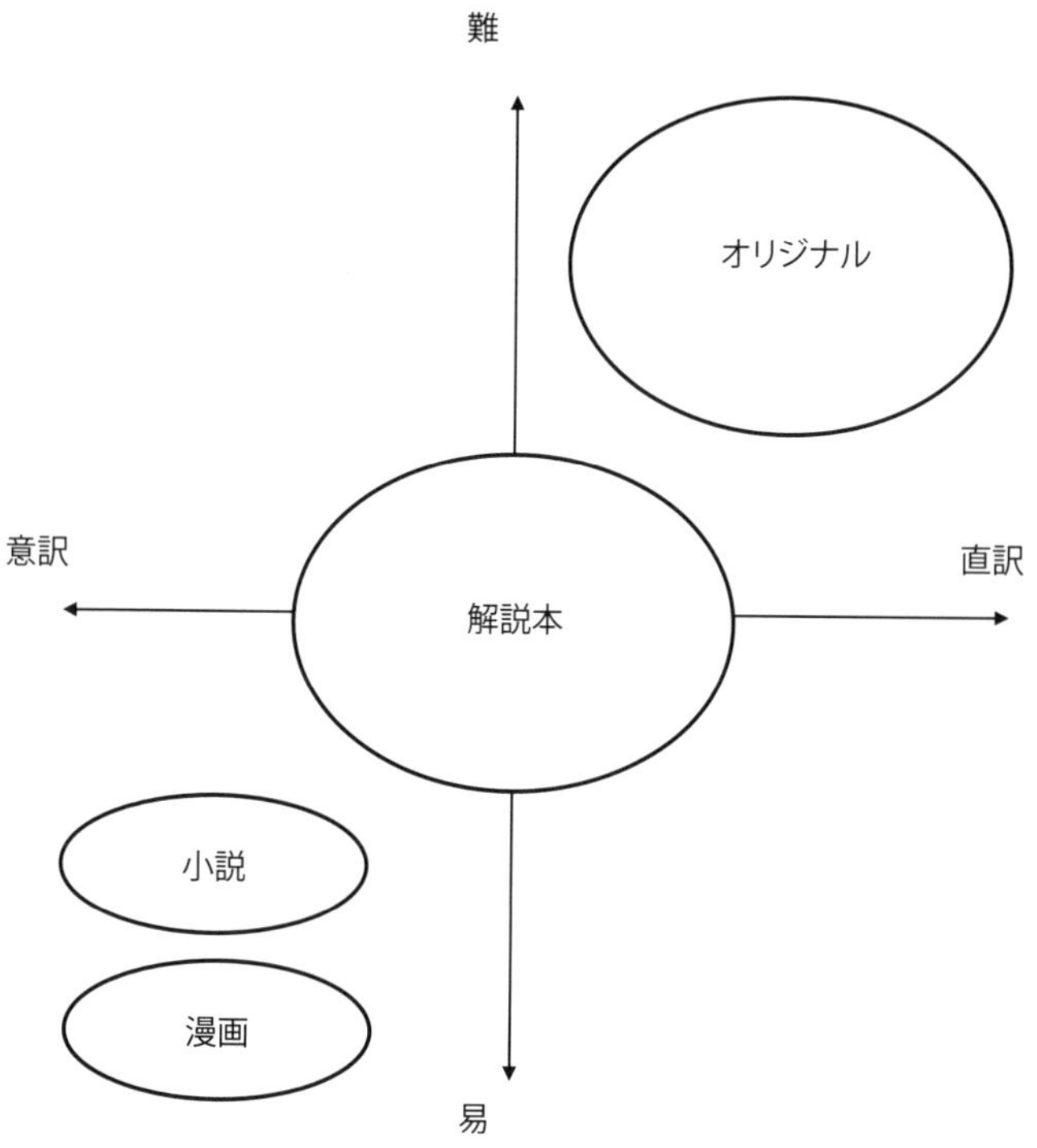

るのが一番もったいない。解説書や小説を読むのは何だか恥ずかしい。レベルが低いなどとは一切考えずに、堂々と積極的に、解説書や小説を読んでほしいと思います。

ところで、オリジナルを買うときに注意すべき点があります。それは、その本がいろいろな出版社から出ている場合、闇雲に選ばない、ということです。

たとえば『論語』や『孟子』は複数の出版社から出版されており、訳者がそれぞれ違います。また、訳だけでなく、解説や付表の種類や分量などは実にさまざまです。最初は当然ですが、どれを選べばよいのかまったくわからないでしょう。そのため多くの人は「まあ、なんでもいいか」「どれも似たようなものだろう」と適当に選んでしまいがちです。しかしこれが大きな間違いです。訳者が違えば、それはもう、まったく別の本と言ってもいいほどです。

そこで私は、タイトルを決めた後に、どの出版社、どの訳者の本を買うかを事前にAmazonのレビューを参考にして決めています。トップレビューを10程度読めば、それぞれの本の訳の特徴がだいたいわかるからです。レビューに書いてある内容から推測して、自分がより読みたいと思う訳の本を選ぶ。たとえばざっくり言えば、訳には直訳的なものと意訳的なものがある。正確性を大事にするなら直訳的な本を、読みやすさ・わかりやすさを大事にするなら意訳的な本を選べばいい。通常、その本の研究者やファンでもなければ、訳の違うものを複数冊買うことはない。ですから訳の違いに気づかないまま、なんとなく購入してしまうのです。

同じように、旧版と新版の違いもレビューでわかります。基本的に新版は現代語に即しているので読みやすい。それに新版が出れば旧版と入れ替わっていくので、基本は新版を選ぶことになります。しかし、たとえば私がヴィクトール・E・フランクルの『**夜と霧**』を購入しようと思ったとき、旧版と新版の両方が販売されていることを知りました。しかも旧版と新版では表紙も異なる。なぜなんだろう？と気になりレビューを読むと、旧版には資料と写真が掲載されているが、新版にはない。そして、ナチスドイツの虐殺の実態を知るために、その資料と写真の重要性が高いということがわかりました。その結果、私は人間塾の塾生の皆さんに対して「できれば旧版を買うことをおすすめする」と伝えました。このように、事前にAmazonのレビューを見比べることで、**旧版と新版や、訳者ごとの違いを知ることができれば、より自分が求めるものに近い本を読むことができる**のです。

「『論語』なんてどれでも一緒でしょ」「旧版、新版どっちでもいいや」と適当に選ぶのではなく、古典だからこそ。ぜひこだわって選んでいただきたいと思います。

古典の世界の広げ方

吟味してオリジナルを選び、1冊目を読み終えたら。次は古典の世界をどのように広げていくかというステップになります。

広げ方には二通りあります。横に広げるか、縦に深掘りしていくか。さまざまな古典を読むことが横にいくこと。一方、一つの古典をより深く読んでいく。もしくは一人の作者の本を読んでいくことが縦への進め方です。

人間塾ではさまざまな古典を課題図書に指定しています。つまり横に広げていっているわけです。それは人間塾が古典を読む入り口でありたいと思っているからです。さまざまな古典を読み、その中で「これだ」と思う古典や作者に出会えば、各々が深掘りしていけばよい。そう考えています。

ですから横にいくのも、縦にいくのもどちらでもOK。横と縦を同時に広げていってもいい。そこは自分の直感で、読みたいと思うものを読んでいけばいいのです。ただ、読み始めたときはある程度いろいろな古典に触れたほうが良いと私は思います。そこでまずは横に広げていきつつ、そのうちに心に響く古典が見つかったらそれを深掘りしていく。いわばT字型に読む。このスタイルがよいのではないかと思います。

では1冊目を読み終えたら、どのように次の本へと広げていけばよいのでしょうか。私が古典を選ぶ際に参考にしている一つに、Amazonのレコメンドがあります。「この商品を買った人はこんな商品も買っています」と出てくる、アレです。

たとえば『論語』のレコメンドを見ると、まずそのほかの四書、『大学』『中庸』『孟子』は必ず出てきます。『韓非子』も出てくる。そうか、『論語』を読んでいる人は『韓非子』も読んでいるんだな。では『韓非子』はどんな本なんだろう?

そこで次に、『韓非子』のレビューを読みます。そうすればどんな本なのか推測できる。一方、『韓非子』のレコメンドを見ると、そこには『孟子』や『荀子』が出てきます。そうすると「やっぱり『孟子』は読む必要があるな」ということもわかる。こんなふうにレコメンドをたどっていけば、アルゴリズムにもとづく客観的なリストが見えてくるのです。

もちろん書店でも、大型書店や古典に強い書店であれば、棚からレコメンドがわかります。しっかりしている書店であれば古典の基本的な本は揃っているはずです。訳の違いを見比べてから購入することができる。解説書や小説もパラパラと中身を見てから選ぶことができる。実際に手にとって見て選べる。これは書店の大きなメリットです。また、お気に入りの書店があれば、そのお店のセレクションを楽しむのもありです。このように書店を活用するのも非常に有効でしょう。

もう一点、古典の世界を広げるうえで私がとくにおすすめする方法があります。それは**「師匠の師匠をたどる」**ことです。

私はかつて、音楽の世界で山下達郎さんを知り、その音楽を素晴らしい、と感じました。すると、彼がDJを務めるラジオ番組で、彼が好きな音楽が紹介されたのです。それは1950年代を中心としたドゥーワップ音楽でした。そこには、それまで聞いたこともなかったグループの名前、Moonglows, Flamingos, Four topsなどがありました。私は夢中になってそれらのレコードを探して聴いてみました。すると、そのいずれもが私の心にズンと響いたのです。

これだ！　私は思いました。**「好きな人の好きな人は好き」**。**これが古典の世界にも**

あてはまるのです。「尊敬する人が尊敬する人は尊敬できる」すなわち「師匠の師匠は師匠である」ということなのです。

私が森信三氏の『修身教授録』に出会ったのは、月刊『致知』を読んだことがきっかけだとお話ししました。『致知』の中で名経営者と呼ばれる方の多くが同書の素晴らしさについて述べていました。と同時に、私のクライアントの社長さんや、尊敬する諸先輩方も口を揃えて森信三氏のことを敬愛されていらっしゃいました。「師匠の師匠は師匠だ」。私は確信を持って、森信三氏の本を読み始め、この法則が間違っていないことを改めて実感したのです。

そうして、森信三氏の本を読んでみると、そこには今度は、森信三氏の師匠として、吉田松陰、二宮尊徳、だけでなく、西郷隆盛、石田梅岩などが記述されています。これは吉田松陰、西郷隆盛の本もぜひ読みたいと、彼の本を手に取る。そうすると西郷隆盛は、佐藤一斎について書いている。そこで次に佐藤一斎の本を読む。佐藤一斎の本には『論語』や『孟子』が出てくる。そこで『論語』や『孟子』を読む。まさに「師匠の師匠は師匠である」の法則を実践していったのです。

私は、一方ではAmazonのレコメンドやレビューを見ながら、次の本をたどり、もう一方では「師匠の師匠は師匠である」の法則でたどっていきました。

そのようにして1冊、2冊、3冊と読んでいくうちに、自分なりの古典の広げ方が見えてきたのです。

読む効果を最大化する読書術

一人で読めなければコミュニティに参加してみよう

古典を読み始めたけれど、どうにも続けられない。挫折しそうだ。やっぱり古典なんて自分には読めない……。そういう人は、コミュニティに参加することをおすすめします。

私の場合、人間塾をスタートさせる前に一人で読んだ古典は森信三氏の『修身教授録』のみ。塾を始める前は古典なんてとても読めないと思っていました。しかし人間塾の仲間たちとともに読んできたおかげで、今では一人でも古典を抵抗なく読めるようになったのです。人間塾がなければ、私は到底古典を読むことはできなかったことでしょう。ですから私のように一人で読むのが難しい人には、コミュニティが非常に有用だと考えます。

では、コミュニティに参加すると何がいいのでしょうか。まず言うまでもないことですが、継続のモチベーションを手にすることができます。一人ではなく、仲間とともに読んでいる。そう思えるだけで非常に心強い。さらに、読書会がペースメーカーとなり、読み終わる締め切りとなってくれます。これは大きい。また、理解度もぐんと増すことになり、読書の楽しみがわかります。一人で読んで理解できなかったことが、皆で読めばわかることがたくさんあります。それだけでなく、本を読み、話し合うことで「こんな読み方があるのか」と別の視点をもらうこともできる。さらには自分では決して選ばないであろう本を読むきっかけにもなります。古典を読むうえでコミュニティは、二重、三重、四重の意味で効果的なのです。

ではどんなコミュニティを選べばいいのか。FacebookやLINEなどのSNSを利用したものでもいい。または私が主宰する人間塾のようなリアルな勉強会や読書会でもいい。「ここはいいな」「参加してみたいな」と思うところであれば、もちろんどこでもOKです。

ただしコミュニティは一種の組織でもあります。ネット、リアルにかかわらず、会社が社長の性格をあらわすように、コミュニティにも主催者の性格があらわれます。ですからまずは主催者の情報や発言をネットで見たり、実際に参加してその会のカラーを肌で感じてみたり。合う・合わないを判断してからご参加いただいた方がいいと思います。あたり前のことですが、**古典を読みたいからといってカラーが合わないコミュニティに無理して参加する必要はまったくありません**。

できればリアルな会に参加したいけれど、いきなり見ず知らずの会に飛び込むのはハードルが高い。なかなか参加する勇気が出ない。そういう人は、まずはネット上のコミュニティに参加することから始めるといいと思います。そのコミュニティでつながった人と一緒に、次はリアルな会に参加してみる。もしくはその人がリアルな会を紹介してくれるかもしれない。このように、無理なくスタートスモールで。常にこれが大切です。

人間塾がスタートして、2016年現在で4年が経ち、5年目に突入しています。私にとって人間塾は全自動締め切り設定装置のようなものです。毎月、（私自身が定めた）課題図書がある。毎月1回、東・名・阪で開催される。ディスカッションのための課題が定められている。グループ討議や発表といったアウトプットする場面もある。

読む本、サイクル、仲間、アウトプットの場と、継続に必要なものがすべて含まれているのです。**コミュニティは、楽しく継続でき、しかも深く読むことができる非常にお得な装置である。**私はそのように思っています。

小倉流、「体」に落とす古典の読み方

コミュニティに参加したとしても、当然ですが本を読むという行為自体は個人的な作業です。ではどのように古典を読めばいいのでしょうか。

100人いればそれこそ100通りの読み方があるでしょう。たとえば本の扱い方一つとっても、ページを折るのか、折らないのか。線やマーカーを引くのか、引かないのか。付箋をつけるか、つけないか。書き込みをするのか、しないのか。また、1冊の本を繰り返し読むのか、読まないのか。最初から読むのか、興味がある部分から読むのか。それはもうまったく個人の自由。古典だからこんな読み方をしなさい、というものはありません。

そこでここではあくまで一つの例として、私個人の読み方をご紹介しておきます。

私が古典を読むときは、線を引き、書き込みをし、ページを折ります。つまり私は本を汚して読むタイプです。そして、付箋は貼りません。私の場合は、本を持ち歩き、仕事の合間や出張の移動時間などに少しずつ読むため、付箋やノートを持ち歩くのが面倒なのです。ですから、付箋の代わりにページを折り、ノートの代わりに直接本に書き込みます。

人間塾の塾生を見ているると、古典に対して敬意を払っているのでしょうか、7対3の割合で本を汚さない人が多いように思います。折らない代わりに付箋を使っているようで、その付箋の貼り方もさまざまです。色分けする。貼る位置を上・横・下にするなど、それぞれこだわりがあるようです。ただし、古典は付箋を貼るページ数が桁違いに多い本ばかりです。そのためか、塾生のほとんどは付箋の幅が極端に細い小さな付箋を使っています。このサイズだけは自然と共通であり、大きな付箋を貼っている人は見当たりません。

話を私のやり方に戻しましょう。私のページの折り方、書き込みの仕方は、まずは本の重要だと思う部分に線をバンバン引いていきます。その際に、色分けはせず、黒色で直接線を引く。そうすると線を引いた場所が優に100箇所を超えてしまいます。そこで第2セグメントとして、線を引いた部分の内容をまとめたものを本の中に書き込みます。たとえばキーワード同士をつなぐ因果関係や部分全体関係をまとめたチャート図のようなものを書いたり、自分なりの気づきや解釈を記したり、要点をまとめたりします。

私が線を引く理由も書き込む理由もただ一つ。「その部分だけを見ればいい」。つまり本文を読み返さなくても、線を引いた部分だけ読めばポイントがわかるようにしているのです。線を引いた箇所が100箇所以上もあると、その線はすでに検索機能としてはほぼ意味を成さない。そこで書き込みをすることで要点を20箇所くらいに減らしているのです。つまり書き込んだ要点は、私が思うその本の一番濃い部分です。これを再読の足がかりとするのです。

そして、ページを折る行為は最終段階、第3のセグメントです。20箇所くらい書き込んだ要点の中で、さらにその本の核だと思う部分のページを折る。そうすると1冊のうち、たいてい3〜5箇所程度折ることになります。

私がこのような読み方をする本質的な理由は、古典を「体」に落とし込むことを意識しているから、これに尽きます。本の内容を自分のものにしよう。すべて取り入れ

小倉流の読み方

本の内容を自分のものにする！

↑

本の核だと思うページを**折る**（3 ～ 5箇所）

↑

線を引いた部分のまとめを**書き込む**（20箇所）

↑

重要だと思う部分に手書きで**線を引く**（100箇所）

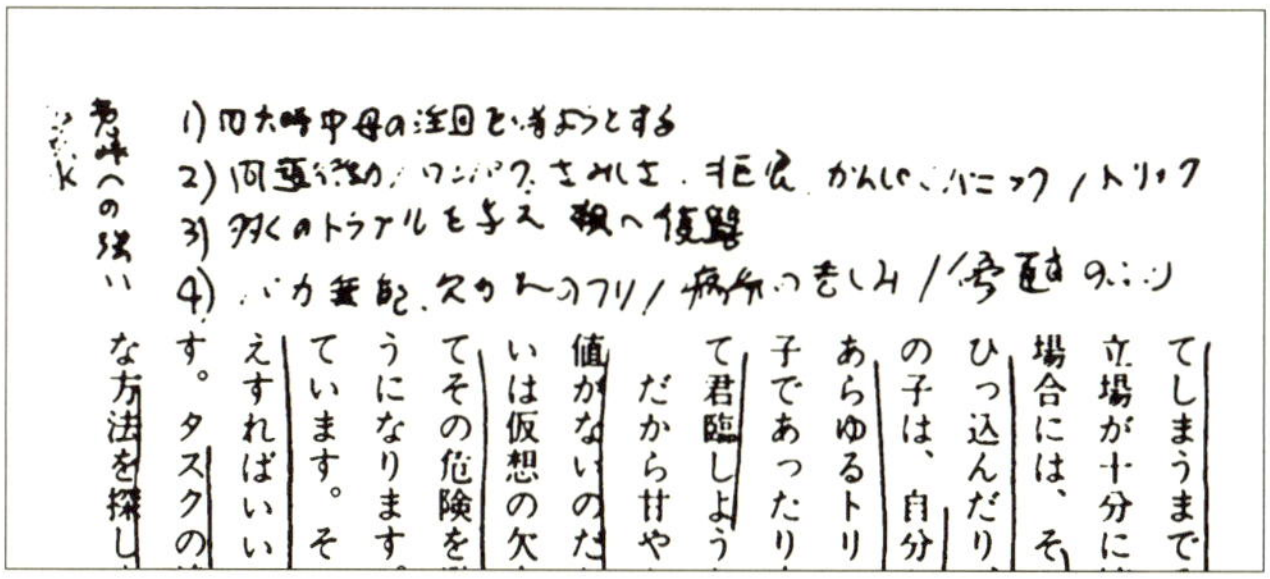

著者の書き込み。本に線を引いた部分を自らまとめて余白に記している

ようと思うと、必然的に手を動かさざるをえない。手を動かさなければ「体」には取り込めない。そう考えているからです。たとえば受験勉強の英語にしても、声に出して手で書かないと覚えられないと言われます。それと同じこと。読んで書く。指を動かすことで身体化しているのです。

さらに私は人間塾の塾長としてアウトプットする機会が必ずある、ということも読み方に関わってきています。アウトプット前提でインプットするなら、当然インプットのしかたが変わってくるのです。

たとえば人間塾では、毎回、本の中からディスカッションの議題を選びます。現在、議題選びは東・名・阪それぞれに一人ずつ毎年改選される塾頭（運営リーダー）の人が行ってくれていますが、以前は私がすべての議題を決めていました。このようにディスカッションの議題を設定する、という前提で本を読むと、当然のことながら「自分がこの本の中から語るなら、何を語るだろうか」「議題は何がよいだろうか」といった観点で読むようになります。また、塾長として毎回、塾の最後に総括スピーチを10分程度することになっています。ですから、当然ながら、本を読む際にはこの総括スピーチでどの部分をどのように取り上げようか？と考えながら読む。その際に、本の核になると思う部分を3～5箇所に絞ってページを折っておけば、本について話すときにパッと開くことができます。つまり現在、私が置かれている立場からも、必然的にこのような読み方になっているのです。

深く読む、「体」に落とすように読むという観点で考えると、**アウトプット前提で読む**ことをおすすめします。アウトプットは、私のような会の主催者の立場になる必要はありません。本を読んだ後で気づきや感想を友達や家族に話す、ブログやFacebookに書くなど何でもOKです。曖昧な理解のままではアウトプットできないため、アウトプットを前提にインプットをすると、自分の頭の中を整理しながら、しかも忘れないように深く刻むように読めるのです。

大切なのは読み進める力を優先すること

私の場合、以上のような理由から誰に教わるわけでもなく、このような読み方になりました。しかし何より大切なのは、読みやすい方法で読むこと。読む勢いを止めない読み方をすることです。

古典は難解な本が多いため、よく「その部分がわからなかったら、飛ばし読みをしてもよいのでしょうか？」と聞かれることがあります。飛ばして読むのももちろんかまいません。私の場合は、わからない言葉があっても、前後の文脈から類推できる場合はそのまま読み進めます。しかし、類推が難しい場合は手を止めて調べます。また、類推可能であっても同じ語句が3回以上出てきた場合は、重要な意味がある、と考え、調べるようにしています。例えば「尚友《しょうゆう》」という言葉は類推で「同門の友」と思って読んでいたのですが、調べてみたら書の中の著者や偉人を友とする、という意味でした。このように、重要な言葉は類推だけでは間違って捉える危険があるので、調べた方がいい場合もあるのです。しかし、通常は類推できる場合はそのまま読み進めることを優先した方がいいと思います。

そもそも古典は読むことに対してハードルが高い。ですから読む際には勢いが大切です。調べたほうが勢いがつくなら調べればいい。調べることで勢いが止まるなら、そのまま読み進めたほうがいい。前に進める力を優先すること。**自分が最もスピードが乗る方法で読むこと**。これが古典を読むうえでのポイントだと考えます。

そして読む勢いを大切にしつつ、私は線を引いたり要点を書き込んだりしながら、

1冊を丁寧に読み込んでいきます。私は基本的には一度読み終えたら、執筆などの調べ物をするとき以外は、純粋な読書として再び読み直すことはほとんどしません。しかし1冊読み終えるまでには何度もページを行き来します。つまり、手を止めて前に戻ったり。書き直したり。再度前の章を読み返したり。そういったことを1回読む中で何度も何度も行います。本の中で行ったり来たりを繰り返しながら、最初から最後まで丁寧に読む中ですべて体に落とす。血肉化する。そう決意して読んでいるのです。

ですから私にとって古典を読む作業は、ある意味、重労働だと言えます。そのため古典は気分が乗ったときにしか読みません。心身ともにある程度整っているときでないと読めないからです。

皆さんが古典を読むときも、いつでもいいし、どこでもいい。早朝でも、夜寝る前でも、出勤の電車の中でも、お風呂やトイレの中でも。好きな時間に好きな場所で読めばいい。ただ、気力体力がある程度あり、疲れがなくクールダウンした状態のときに読むこと。これが大切だと思います。そして自分に合った読み続けるエネルギーを最大化する読み方を見つけ、勢いを落とさず読み進めていただきたいと思います。

「抽象」と「具象」をひもづけて読む

ここまで古典の読み方の表層部分をお話ししてきました。次は読み方の深層部分である、書かれていることをいかにして読むか。どのようにしてより深く読むかについて、考えていきます。

私が古典を読む際に実行しているのは、「ひもづけて読む」です。ひもづけて読むことで、書かれている内容をより立体的に理解することができるからです。

ひもづけには次の3ステップがあります。

1　本の中のキーワードと自分の体験をひもづける
2　本の中のキーワードとキーワードをひもづける
3　本の中のキーワードを別の本のキーワードとひもづける

まずは1ステップ目。本の中のキーワードと自分の体験をひもづけます。たとえば森信三氏の『修身教授録』を読んだとしましょう。その中には「最善観」という言葉が出てきます。これはもともと哲学者ライプニッツの言葉です。簡単に説明すると、「起きたことはすべていいこと、意味があること」という意味です。

この言葉を知った時点では、まだその意味は理解できません。通常であれば起きたことはすべていいことなどとは到底思えないからです。そこで、最善観という言葉を、自分自身の体験と結びつけて考えてみるのです。

私の例で言えば、チームマネジメントがうまくいかず、一度ならず二度もうつ病になりました。非常につらく苦しい体験であり、それがよかったなどとは当然思えない。しかし一方で、私はその体験を本に書いたりセミナーで話したりと現在の仕事に活かすことができているわけです。いや、あのつらい、うつ病の経験があったからこそ、現在の私がある。そう言っても過言ではないかもしれません。また、私の本を読んだり話を聞いてくれたりした方からは、「小倉さんの苦労の体験を教えていただいたことで、救われた」「私の人生の出口が見えた」といったお手紙をよくいただきます。そう考えると、その失敗体験があったからこそ私は誰かの役に立てている。反対に、その失敗体験がなければ役に立てなかったとも言えるのです。

最善観というキーワードと自分の体験を結びつけることで、最善観とはこういうことか、私にとってつらかった体験は最善観そのものだったのだと、言葉の意味に気づくことができるわけです。

本の中のキーワードと自分の体験をひもづけたら、次は本の中のキーワードとキーワードのひもづけです。

アドラーの本に繰り返し出てくるキーワードがあります。それは「勇気」と「共同体感覚」です。勇気は「困難を克服する活力」のこと。共同体感覚は、既述しましたが「共同体を自分と同じかそれ以上に大切にする感覚」のことです。この二つは別の概念ですが、ひもづけることで見えてくるものがあります。

私はアドラーの本を読んだとき、勇気と共同体感覚を次のように定義しました。

勇　気　：ベクトルの長さ（エネルギーの大きさ）
共同体感覚：ベクトルの向き（エネルギーの向き）

自分のエネルギーを人のために使いたい、人の役に立ちたいと、ベクトルを向ける方向はわかっている。しかしエネルギー自体が小さいと活動することはできません。そこでまずはエネルギーを大きくするために、自分の中を勇気で満たすことが必要です。一方で、勇気が満ちてエネルギーがあふれるようにあっても、そのエネルギーをどこに向ければいいのか、何に使えばよいのかがわからなければ、やはりエネルギーを活用することはできない。そこで共同体感覚、つまりベクトルの向きが必要になります。

このように二つのキーワードの関係性をベクトルの長さと向きであると整理し考えると、書かれていることが腑に落ちます。実際に本を読み進めると、**『子どもの教育』**(岸見一郎訳、アルテ)という著書の中でアドラーはこう述べています。「何度も何度も『個人心理学』(アドラー心理学)は『共同体感覚』と『勇気』という標語を示さなければならない」とその二つを関連づけて述べています。私は「やはりそうか……」と、さらに理解が深まったのです。

人間塾の塾生の中には、自身の理解を深めるためにチャート図をつくってくる方もいます。私もキーワードとキーワードをひもづける際に、図式化して考えるときがあります。図にすると曖昧さが許されないため、より深く考えることができるからです。

本の中のキーワードとキーワードの関係性を考えながら読む。これが2ステップ目です。

そして最後、3ステップ目は、本の中のキーワードと別の本のキーワードのひもづけです。

仏教に「諸法実相《しょほうじっそう》」という言葉があります。「あらゆるできごとはすべてそのまま自然の摂理のままであり正しい」といった意味です。先ほど「最善観」というキーワードを取り上げました。こちらは前述したとおり「起きたことはすべていいこと、意味があること」という意味です。両者のニュアンスは若干違う。しかし本質的には同じ事を言っているのではないか。これが本と別の本を跨いだ、キーワードとキーワードのひもづけです。

また、第1章では良寛和尚の言葉、「災難に遭う時節には災難に遭うがよく候。死ぬる時節には死ぬがよく候。これはこれ災難を逃るる妙法にて候」を紹介しました。良寛和尚の言葉もこれら諸方実相と最善観というキーワードに通ずるものだ。こんなふうに、異なる著者による異なる古典の重要なキーワード同士をひもづけする。このような読み方も理解を深めることに役立つでしょう。

では、なぜこのように、「ひもづけ」を重視した読み方をするのでしょうか。それは、古典に出てくる抽象的な言葉をそのまま抽象語として理解しようとすることはできないからです。まずはキーワードという抽象を自分の体験エピソードという具体像に落とし込む。その具象化した体験エピソードをもう一度別の抽象にフィードバックし、入れ込んで検証する。このように抽象と具象を何往復かすることで初めて立体的な理解がホログラムのように浮かび上がってくるのです。

この読み方は一見すると難しそうに思えるかもしれません。しかし、難解な古典を真剣に自分のものにしようと努力しながら読むとすると、ごく自然にこれと同じ読み方になるはずです。古典をより深く理解したいと思い、読み進めていると、自分の中のデータベースと古典の学びとを、必然的につなげながら読むようになるからです。

読んだらシェア（共有）しよう

実際にやってみるとわかると思いますが、何と何をひもづけるのか？は、同じ本を読んでも人によってまったく異なります。人間塾でディスカッションを行っていると「ああ、なるほど。そのキーワードとその体験をひもづけたのか……」「そのキーワード同士を結びつけたのか。そういう理解もできるのか……」と、自分では気づかなかったひもづけが得られます。

何と何を、どこにどうひもづけるかは、すなわち、どのように解釈するか、ということです。そして、そのバリエーションの「多さ」や「深さ」そして、思いもかけないひもづけの「意外さ」こそが、知識を超えた知恵であり、人としての深さだと言えます。知識というのは単なる情報データのストック量のこと。たとえ知識を1万、1000万、1億持っていても、ひもづけて知恵に変えなければ何にも使うことができません。せっかく古典を読んだとしても、自分の力だけではつながらなかったものが、**ほかの人のひもづけを知ることで、自分のひもづけを再考することができる。**そして、ひもづけのパターンを新たに身につけることができる。これはあたかも脳の神経細胞がつながっていく様にとても似ているため、私はこのつながりを「シナプス」と呼んでいます。

本を読み、その内容をシェア（共有）し合い、シナプスがつながると、さらに理解を深めることができます。また、視野を広げることもできます。そのため本を読んだらシェアすること。これをおすすめします。

また、シェアのよさの一つに、認知のバイアスが修正される、ということがあります。第1章で触れましたが、通常、私たちは物事を無意識のうちに、自分にとって都合のいいように取捨選択し、都合のいいように解釈しています。つまり、自分の思考パターンに沿って情報を恣意的に解釈し、その恣意性に自分で気づかない。これを認知のバイアスと呼ぶのです。

しかし古典を読んだ解釈の仕方、すなわちひもづけであり、シナプスのつながりを周囲の人とシェアし合うことで、自分独自の見方の癖、すなわち認知のバイアスに気づくだけでなく、自分の見方は浅かったな、ちょっとずれていたなと気づき、修正することができるのです。それは、コンフォート(安楽)ゾーンから出ることにもつながります。コンフォートゾーンとは、居心地のよい自分が慣れ親しんだ場所のことです。

たとえば、人間塾で東井義雄氏の『東井義雄「いのち」の教え』を課題図書にしたときのこと。同書には親に対する感謝や親子の話がたくさん出てきます。そのため必然的に、参加者からは親の思い出話がさまざまに語られました。話を聞いていると、親から優しくされた覚えがないという人が多くいました。しかしそれこそが認知のバイアスなのです。

たとえ本当に親から優しくされた覚えがなかったとしても。その中で親自身が優しさを表現できなかった、親自身の未熟さ、つらさ、切実さを見つけ出していて、優しくなかったとしても親に感謝を感じる人もいます。一方で、自分はひどい思いをした、とても不幸だったと感じている人もいます。これが認知のバイアスです。

親に感謝するか、親を恨むかは人それぞれです。たとえ、同じ境遇を体験してきたとしても、それぞれの解釈は真逆になるかもしれません。しかし、本人にとって、それは疑いようもない真実です。それが認知のバイアス、すなわち個人的な思い込みである、などとは夢にも思わない。あまりにも当たり前のことだからなのです。しかし、それをシェアし合い、他者の視点を知ることで、それが認知のバイアスであることに気がついていく。そして、自分の私的論理（アドラー心理学の言葉で言うところの「プライベート・ロジック」）であることに気づき、修正していく。それこそが人間力の高まりであり、人間としての深さにつながっていくのだと、私は思います。

私は、先にお伝えした人間塾において、東井義雄氏の書籍を皆がディスカッションしていたときに、一人ひとりの親に対する解釈があまりに異なることから、総括スピーチとして以下のようなコメントをお伝えしました。

「人は、同じ本を読んでも、自分の力量の範囲でしかその本を理解できない」「本を読む、ということは、本を読む人の力量が問われるということです」と言いました。これは聞く人によっては非常に辛らつな意見だと思います。小倉さんにひどいことを言われた。気分が悪い。そう思われた人がいるかもしれません。しかしそれが自分のコンフォートゾーンから出るきっかけになってくれればいいな、と私は思います。

自分が、あまり興味がなかったこと、あまり考えたくなかったこと、触れたくなかったことにも触れていく。その結果、新たな気づきが生まれるかもしれない。認知のバイアスが修正されるかもしれないのです。人間力を学び、自分の生き方を見直していくのであれば、これは避けて通れないことです。

もちろん私自身の認知のバイアスが修正されることもあります。そこで仮に、「私は親から本当にひどい目にあってきた」「小倉さんはそういう人の気持ちもわからずに言っている」「小倉さんにそう言われて非常につらい」と言われたとしたら。私自身の見方が片寄っていた。そういう見方をする私自身の器量が小さかったと気づくかもしれません。

人間は自分の経験した範囲でしかものを見ることができません。ですからそれぞれの見方をぶつけ合うことで視野をどんどん広げ、ひもづけ、すなわちシナプスをつなげていく。これこそがコミュニティならではの古典の読み方であり、人間力の高め方であると思います。

森信三氏は、本を読むことは経験に光をあてることである、とおっしゃっています。一人ひとりの経験から何を読み取るかはその人次第。もしも、古典のようなきちんとした本を読んでいなければ、その経験にあてる光が間違った角度のものになってしまうかもしれない。そうするとその人は経験から間違った教訓を手にしてしまいます。多くの場合その光は、古典を読んでいない人の場合、これまでのコンフォートゾーンから照らし出されます。そして、どのような経験をしても、そこからこれまでと同じ結論、自分にとって楽ちんな、他人のせいにしたり、自分を被害者として自らを哀れむような結論しか導き出せません。そして、もしも古典を読んでいなければ、せっかく手にした貴重な体験に何の光もあてることができず、そこから何の教訓も得ることができないかもしれない。たくさん体験をしても何も学ばないかもしれないのです。

しかし、古典を読んだ人は違います。これまでのコンフォートゾーンとは違う角度、古典から得た視点、視座から経験に光をあてることで、より建設的で解決志向の前向きな結論を引き出し、自らを奮い立たせることでしょう。

体験を体験と見ても、そこにある本質はなかなか見えてこない。しかし古典での学びという光をあてることにより、その体験の核心のようなものがあぶり出される。そのあぶり出されたものをシェアすることで、さらに互いに学びを深めていくことができるのです。

人間力をつける読書術
三つのステップ

どのように古典を選ぶか。どのように古典を読むかについて、これまではポイントのようなものをお話ししてきました。ここからはこれまで学んだポイントを含めて、大きな三つのステップで人間力を高めるための読書の仕方を総まとめしてみたいと思います。

ステップ1：疑念を捨てて「丸受け」の姿勢をつくる

まず最初に、古典を読むときに心がけていただきたいことは、疑念を捨てて「丸受け」の姿勢で臨むことです。

私たちは読書をする際、つい批評的観点で読みがちです。「この部分の考え方はいいが、この部分には賛同できない」「この話はあてはまるが、この話は現代の自分にはあてはまらない」。そう検証しながら読みたがります。しかしその読み方をしているうちは古典から何も学ぶことはできません。それこそが、まさにコンフォートゾーンからの読書です。つまり、これまでの自分の価値観を再確認するために、本を読んでいるに過ぎません。それでは、何も学びはありません。

あなたは、本来、それまでの旧来の価値観を打破して、新たな視点、新たなシナプスを見つけ出すために古典を読み始めたはずです。であるにも関わらず、コンフォートゾーンから出ずに、旧来の視点、シナプスだけを拾い読みしている。それは大いに矛盾しているのです。

人間力を学び身につけるために古典を読むと決めたならば。批判的精神は一切捨てることが大切です。そして**「書いてあることはすべて正しい」という前提で謙虚に読む**のです。もしも、書いてあることがどうしても納得できない。この考え方は絶対に間違っていると思うなら、それは自分が未熟だから理解できない。そう思いながら、必死に理解できるよう、納得できるように読んでいくのです。

森信三氏は『修身教授録』の中でこのようにおっしゃっています。少し長くなりますが、大切な言葉なのでそのまま引用します。

「私は教育において、一番大事なものとなるものは、礼ではないかと考えているものです。つまり私の考えでは、礼というものは、ちょうど伏《ふ》さっている器を、仰向《あおむ》けに直すようなものかと思うのです。

器が伏さったままですと、幾ら上から水を注いでも、少しも内に溜《た》まらないのです。ところが一たん器が仰向きにされると、注いだだけの水は、一滴もあまさず全部がそこに溜まるのです。

これはまさに天地の差とも言うべきでしょう。実際人間は、敬う心を起こさなければ、いかに優れた人に接しても、またいかに立派な教えを聞いたにしても、心に溜まるということはないのです。私がよく申す、批評的態度がよくないというのも、結局、批評的態度というものは、ちょうどお皿を縦に立てておいて、そこへ水を注ぐようなもので、なるほど一応湿りはしますが、しかし水はすぐに流れて、少しも溜まりっこないのです。そして結局は、濡れただけというのがおちというものです。」

つまり、器をふせて批評的な態度で読んでいるうちは、どんなにたくさんの古典を読んでも少しも心に響かない。先人の教えを敬う心を持ち、伏せていた器を仰向けにして学ぶこと。**書かれていることすべてを丸受け・丸呑みする気持ちで読む**こと。これが古典を読む際に必須の基本的な姿勢であり、最初のステップなのです。

ステップ2：古典を読んだら知行合一で「即実行」

器を仰向けにして丸受けの気持ちで読んだら、次は行動に移すことが大切です。まさに第1章の心・技・体でお話しした「知行合一」です。本を読んで知った気になっているだけでは、何も知らないのと同じこと。行動の中に知があるのであり、行動に移し、経験してみることで、初めて古典に書かれていることの真の意味がわかります。繰り返しになりますが、心＝古典を読むだけで、体＝習慣・行動がなければ、人間力は身につかないのです。

人間力を身につけるためには、とにかく実行すること。しかも間髪をいれずに「即実行」してください。

即実行に関する次のような名言があります。

・いつかできることはすべて、今日もできる（モンテーニュ）
・即実行に移さないから、失敗を怖れる気持ちが生まれてくる（中里至正）
・何かをしたい者は手段を見つけ、何もしたくない者は言い訳を見つける（アラビアのことわざ）
・動中の工夫は静中の工夫に勝ること百千億倍（白隠禅師）
・凡人はできることをしないで、できもしないことを望んでばかりいる（ロマン・ロラン）

このように、いつの時代でもどの国でも即実行が肝要であると言っているのです。いつかやろうと思っていては永遠にできません。「今は忙しい」とか「時間ができたら」などと言い訳をせず、古典を読んだその日から、そのときから実行してください。

私の仲間内でよく使う言葉に、「ノータイム・ポチ」というものがあります。ノータイムは、すぐその場で。ポチは、インターネット上での参加申し込みや購入のボタンをポチリと押すことです。つまり「いいな」と思ったらすぐその場で参加申し込みをする。購入する。あれこれ考えずにその瞬間に行動する、ということです。

本ではなくセミナーにおける私の体験になりますが、私はアドラー心理学のセミナーを受けた際に、感謝に関するワークをやりました。いつも自分のことを応援し励ましてくれている人を書き出したところ、それは、意外なことに、母でも、妻でもなく、私の妹であることに気づいたのです。

振り返って考えてみれば、たしかに妹はずっと私を応援してくれました。ビジネスで失敗して周りからボロクソに言われて責められ、追い詰められていたときも、妹だけは「お兄ちゃんなら大丈夫。お兄ちゃんならきっとできる」と励まし続けてくれました。しかし、私は、妹が私を最も勇気づけてくれた存在だとは気づきませんでした。私は妹に一言もお礼の言葉を述べたことがなかったのです。

そう気づいた私は、いても立ってもいられずに、すぐその日のうちに妹に電話をしました。「実はね、今日、研修を受講して、お前が俺の一番の応援団でいてくれたってことにはじめて気がついたよ」「これまでずっと、いつも応援してくれて、励ましてくれてありがとう」と。妹は驚きながらも、喜び、電話口で私たち兄妹はポロポロと喜びの涙を流しました。

いいな、と思ったら、即実行。即実行ですから、本を読み終わるのを待つ必要はありません。**本を読んでいる途中でも、やってみたいと思うもの、ことに出会ったらノータイム・ポチですぐに実行する。**実行してはじめて、本当の意味での読書がスタートするのです。

ステップ3：実行を繰り返して「習慣化」する

ノータイム・ポチで実行したら、次のステップが「習慣化」です。習慣化しないと、それは一過性のもので終わってしまうからです。

習慣化するコツは「積小為大《せきしょういだい》」。これは二宮尊徳の言葉です。二宮尊徳は『**二宮翁夜話**』（中公クラシックス）の中で次のように述べています。

「大事《だいじ》をなそうと欲すれば、小さな事を怠らず勤めよ。小が積もって大となるものだからだ。およそ小人《しょうじん》の常で、大きな事を欲して、小さな事を怠り、できがたい事を心配して、できやすい事を勤めない。それで、結局は大きな事ができないのだ。大は小を積んで大になることを知らないからだ」

欲張って大きなことをやろうとすると、結局挫折して続かない。小さなことからコツコツやっていくことこそが大切であり、そうすることで結果的には驚くほど大きなことを成し遂げられる、という意味です。

たとえば「健康のために明日から走ろう」と考えたとき。いきなり5キロ、10キロメートルと長距離を走ろうとすると、つらくなってすぐにやめてしまいます。もしくは膝や腰を痛めてしまいます。最初から長距離を走るのではなく、まずは1キロからコツコツと始めること。

たとえばダイエットも同じです。1カ月で10キログラム落とす。絶食する。一つのものだけを食べ続けるなど無理なことをやろうとすると、結局は続きません。そうではなく、毎日の間食を半分に減らす。食事のときは肉や魚の前に野菜を食べるなど、小さなことをコツコツ続ける。これが大切なのです。

無理なく続けるためには、新たに習慣をつくるのではなく、毎日やっていることのやり方を変えることからスタートします。

それはどうしてか？　今までまったくやっていなかったことを習慣化することは難しいからです。たとえばいきなり毎日床の拭き掃除をするなどと決めても、おそらくは続かない。そうではなく、洗面台を使ったら水しぶきを拭く。イスを使ったあとはテーブルにしまうなど、現在、習慣になっていないことを習慣にすればいいのです。

私は、森信三氏の代表3部作と言われる『修身教授録』『人生二度なし』『真理は現実のただ中にあり』の中で「しつけの三原則」を知りました。しつけの三原則とは、「朝必ず親にあいさつをする子にすること」「親に呼ばれたら必ず『ハイ』とはっきり返事のできる子にすること」「履き物を脱いだら必ずそろえ、席を立ったら必ずイスを入れる子にすること」の三つです。子どもには、この三つをきちんとしつければ、もうそれだけで人間としての軌道に乗ると森信三氏はおっしゃっています。これを知ったとき、40歳を過ぎていた私は、子どもにではなく、大人の私自身がこれをぜひやりたいと思いました。そこでまずは靴のかかとを揃えることから始めたのです。

当時の家の玄関は、私と妻の二人しかいないにもかかわらず、靴が10足以上出しっぱなしになっていました。しかもひっくり返っていたり、ほかの靴に重なっていたりと非常に乱雑な状態でした。私は自分の分と妻の分を1足ずつ残して、ほかは靴のかかとを揃えてすべて下駄箱にしまいました。しかし妻はそんなことはおかまいなし。靴を脱いだらそのままにし、気がつけば2足、3足、4足と出しっぱなしにします。しかし私は森信三氏の教えに従い、妻に対して「しまえよ」とは一切言わず、私が「しまってやったよ」とも言わないことにしました。何も言わずに黙々と妻の靴をしまい、1足の靴のかかとを揃え続けたのです。しかし、妻はまったくそれに気づきません。いや、もしかしたら気づいていたのかもしれない。しかし、私の行動に賛同しなかったのでしょう。自分からは絶対に靴をしまってくれませんでした。

その状況が半年、1年と続いたあるとき。ある日突然、妻が靴をしまい、かかとを揃えてくれたことに気がつきました。私は妻にやってもらいたいと思って始めたわけではない。自分がやりたいから靴のかかとを揃えてしまい続けただけです。そして、その結果、妻もそれが心地いいと感じ、自らの意思で靴をしまい、かかとを揃えるようになりました。そしてそれ以降、わが家の玄関は、かかとを揃えた私の靴と妻の靴が1足ずつきれいに並んでいる、という状態になったのです。

靴をはいたり脱いだりという行為は毎日のことです。毎日何気なくやっていることを、意識を持って様式を整える。それを習慣にする。これならコツコツ続けることができます。

そして、**小さなことをコツコツ続けていると、習慣化は一気に加速します**。私がよくイメージするのは、グラウンドにおいてある地面をならす大きなローラーです。最初にローラーを引くときはものすごく重たい。しかしぐっと引っ張ってローラーを動かし始めると、どんどんローラーは回り始める。最終的には軽々と引っ張ることができるようになります。

習慣化もそれと同じです。始めるときは少しつらい。しかし何度か継続していくうちにいつしかそれが自動化する。最初さえ乗り越えれば、あとは簡単にできるようになるのです。そのためにも最初は積小為大で小さなことから。スモールステップで始めることが大切です。

しかも小さなことをコツコツ続けていると、ほかのことにも波及していくのです。私の場合、靴のかかとを揃えたことで玄関がすっかりきれいになりました。しかし玄関から先の自分の書斎を見ると、そこは変わらず片づかないまま。玄関がきれいなのに部屋が汚れている。私は、自分の中に一貫性がないことがとてもイヤだな、と感じました。どうも気になる、落ち着かない……。ついに私は我慢しきれず、長年の間、本や洋服を山積みにしていた書斎を片づけ始めました。そうして部屋がすっきりすると、今度はキッチンの汚れが気になる。よし、キッチンも……。そうして、気がつけば家中がすべてきれいになっていったのです。

森信三氏は「家中をすべてきれいに整理整頓しなさい」とは言いませんでした。誰にでも実践できる小さなことを、スタートスモールで、とおっしゃいました。靴のかかとだけを揃えなさい、とおっしゃった。しかし、それが逆説的に全体につながった。靴のかかとを揃える、というスタートスモールだけを愚直に実践し続けたら、家中がきれいになったのです。

私は、こういうことだったのか！と驚きを隠せませんでした。家中をきれいに整理整頓しましょう、などと大風呂敷を広げると、結局私たちは手をつけることができません。しかし靴のかかとを揃えることならば、誰にでもできる。そして結果的に靴のかかとを揃えていると、他の部屋もきれいになっていくのです。

整理整頓をしなさい、などという言い古された当たり前の説法ではなく、極めて具体的で泥臭い「靴のかかとを揃える」という一点に思いのすべてを込められた森信三氏の深い教えに、私は深く感銘を受けました。

心・技・体の「体」は教えの実践であると同時に習慣化です。突発的な実践では「体」になりません。習慣化ではじめて「体」となる。その習慣化するためには、まず**あなたなりの「靴のかかと」を見つけることが大切**でしょう。その際には先にもお伝えしましたが、小さなことから始めることが大切です。また、曜日や時間、もしくはきっかけとなるトリガー(引き金。靴のかかとであれば家に帰ってきた瞬間)を決めて定例化することもポイントです。たとえば毎日の通勤時間にごみ拾いをする。お風呂に入ったらお風呂掃除をする。土曜日は町内の掃除に参加するなど、何でもOK。今までやりたいと思っていたけれどやっていなかったこと。やったほうがいいと思っていたけれど、見て見ぬふりをしていたこと。そういったことから自分なりのセンスで靴のかかとのような行動を創造し、コツコツとやり続けてください。

もしやってみてうまくいかなければ、もちろん違うことを始めてもいい。行動するのも習慣化するのも1回で100%成功することはありません。ダメでもまたやり直す。修正、修正でローラーを動かし続ければいいのです。

まずはやってみること。続けてみること。小さな成功体験を味わうと、気持ちよくなってもっともっとやってみようと思うようになります。そして、行動とともに古典で学んだことの本当の意味がわかり始めます。「心」が「体」になり、「体」が「心」になる。知が行になり、行が知になる。その驚きに満ちた発見が日々繰り返されることでしょう。

そうなればしめたもの。わずかな力でローラーはゴロゴロと回り続ける。自動的な習慣化とともに知行合一が加速するのです。

「人間塾」塾生から
“古典”の人生への活かし方

“想い”が伝わる“方法”を見つける

清水 裕一さん

私はかつて大手メーカーで営業マンとしてバリバリと働いていました。そんなある日、突然会社から「パワーハラスメントの疑いあり」と通告されたのです。営業成績を上げるためとはいえ、自分自身でも部下にかなりキツい言葉で叱責していたという自覚はありました。

処分が下るまで時間がかかり、まさに“人生のどん底”な日々でした。そんなとき、友人から、『人間塾』へ誘われ参加したのです。そのときの課題図書が森信三氏の『修身教授録』でした。以前読んだことがありましたが、おもしろくなく途中で読むのを止めていました。ところが、人間塾で改めて読んでみると以前とは全く違い、目からウロコが落ちまでした。

塾の最後のスピーチで、「隠してもしょうがない。前向きに行こう」という想いで、皆さんの前でパワハラのことを話しました。そうしたら小倉さんから「今の清水さんに必要なのは『最善観』で考えることですね」と言われたのです。はじめは「この人何を言っているのだろう」と思いました。

それから、1年くらい、人間塾で古典を読んでいろいろと考えているうちにやっとわかったのです。決して私は部下をいじめようと思ったわけではなく、なんとか成績を上げよう、部下を成長させようと思ってやっていたのです。その“思い”は間違っていなかったが、ただ“方法”が間違っていたのだということに気づきました。だったらその“方法”を古典から学ぼうと思ったのです。

私は今、別の会社で社員さんに営業研修を行う立場にあります。リーダーをするうえで『論語』は欠かせません。孔子は人の性質に合わせて言葉を変える「応病与薬」の考えで、弟子を諭します。私も部下の人柄に合わせて言葉を選び指導するように心がけています。全営業マンの日報を毎日チェックし、時にはコメントを記入しているのですが、そのコメントには直接ダメ出しはせず、孔子を参考に、「優秀な営業マンはね、こういう風にして、困難を乗り越えているんだよ」などという具合に書くように心がけています。

『論語』には仕事だけでなく生きるうえで大切な教えがたくさん詰まっています。そこで私はもっと深く読みたいと思い、『論語』をみんなで読む会「潤身読書会」を立ち上げ、『論語』の一章一章について丁寧に読み込み皆と語り合っています。『論語』には五百章以上の教えがあるので、この会はライフワークになりそうです。パワハラの件がなければ、人間塾にも入っていなかったし、ましてや読書会をするということも絶対にありえませんでした。まさに『最善観』だったのですね。

第3章

古典を読むと人生は変わる

私に訪れた七つの変化

心が変われば行動が変わる
行動が変われば習慣が変わる
習慣が変われば運命が変わる
運命が変われば人生が変わる

マザー・テレサ、ウィリアム・ジェイムズをはじめ、たくさんの方々が引用しているヒンズー教の教えです。これまで学んできたとおり、古典を読み、実践し、習慣化することで確実に人生が変わるのです。では、いったい、どのように「人生」が変わるのでしょうか？

これまで50回以上、人間塾を開催し、東・名・阪併せて１５０回以上、塾に参加してきた塾長の私の変化を例としてお伝えいたしましょう。
古典を読み、私に訪れた変化は次の七つでした。

1　小さな徳を積めるようになった
2　ダメな自分を好きになること（自己受容）ができるようになった
3　今あるものに感謝できるようになった
4　素直に即実行できるようになった
5　苦しい運命を受け容れられるようになった
6　他者からの評価が気にならなくなった
7　生まれた理由「神様からの封書」を開けることができた

私はこの七つの変化により、生きるのがとても楽になりました。それまで苦しみながら生きてきたのがまるで嘘のようです。本当に申し訳ないくらいです。そして、お陰様でとても幸福です。幸福とは主観的なものです。お金があるから幸福なのではない。名誉があるから幸福なのではない。お金も名誉もありながら、まったく幸福ではない人も世界中にごまんといます。そして同様に、お金も名誉もなくても、幸福な人もまた世界中にたくさんいるのです。

つまり、一言で言うならば、**古典を読むことで、生きることが楽になり、幸せを感じることができるようになった**、ということです。この変化は、当然のことながら私の個人的体験だけではありません。私が日々接する家族や友人、仕事仲間との人間関係も大きく変わっていきました。それまでの私は、自己中心的でワガママで、押しが強い鼻持ちならない人間でした。そのせいでたくさんの人を傷つけ、私も傷つき、友人をなくしてきました。

今の私は、まだまだ成長途上です。ですから、まだまだ鼻持ちならない奴であり続けていると思います。しかし、私には確信がある。私は確実に良くなっている、と。そして私が歩んでいる道、方向性は間違っていない、と。到達レベルは低いけれども、方向性は間違っていない。これが私にとても大きな心の平穏をもたらしてくれているのです。

その意味では、先にあげた七つの変化は
「生きることが楽になり、幸せを感じられるようになる」ための七つである、と同時に「人間力を高める」ための七つである、
と言い換えてもいいかもしれません。
私が人間塾を通じて、古典を学ぶことを通じて、少しずつ変わってきた七つのキーワードを、順次、一緒に見て参りましょう。きっとあなたも「古典を読んでみたい」と思っていただけるのではないか、と思います。

小さな徳を積めるようになる

心を鍛えて内なる自信を身につける

「動機善なりや　私心なかりしか」という言葉があります。

これは稲盛和夫さんが常に自らに問いかけていらっしゃる言葉です。自分がこの行動をすることは、本当に皆のためになるのだろうか。もしかしたら自分のためという私心はないだろうか。意思決定をするときにそう100回問うと、稲盛さんはおっしゃっています。経営の神様と呼ばれる方が、私心がないかと100回も自分自身に問うのです。それはどういうことか。つまり神様のような人でさえ、わずかな隙ができると私心が入り込む。自分さえよければという気持ちがスルリと入り込んでくる、ということです。いわんや、私たちのような凡人であれば……ですね。

私たち人間は、油断しているとじわじわと私心が頭を持ち上げます。どこかで自分さえよければという気持ちになります。隙間があると、わがままな心、自分勝手な心、怠け心が入ってきてしまうのです。

私心が入ってこないようにするためには、それこそ筋肉を鍛えるように日ごろから自分の善なる部分を鍛えなければならない、と私は思います。それがいわゆる「行《ぎょう》」と呼ばれるものです。行により心を筋トレしておく必要があるのです。

しかしなぜ自分の心を鍛える必要があるのか？　そう思われる方もいるでしょう。

それこそが、ブレない自分をつくることになるからです。生きていると迷うことがたくさんあります。正解がないことばかりの人生で、理屈に頼って正解探しをしているとどんどん苦しくなっていく。どんどん自分に確信が持てなくなっていきます。

リーダー的な仕事をしている人はなおさらです。決めなければならないことが数多くあり、そのたびに自分自身が試される。そんなときに「自分は間違っていない」「おかしな判断をしていない」という確信を持てなければ、チームを引っ張っていくことなどできません。そのために稲盛さんでさえ「動機善なりや　私心なかりしか」と

100回問うわけです。

では、どうすれば、自分の心を鍛えられるのか。内なる自信を身につけることができるのか。

小さな徳を積むことです。小さな徳を積むと自分の中に少しずつエネルギーがたくわえられていきます。**人間はエネルギーに満たされると、「自分は正しいことをしている」と確信が持てるようになる**のです。そうなれば、たとえ誰に何を言われようとも、反対されようとも、自信を持って自分が正しいと思う道を進んでいくことができます。小さな徳を積むこととブレないことは一見関係ないように見えて、大いに関係してくるのです。

第2章で紹介した『代表的日本人』には、内村鑑三が「世界に誇れる日本人」として5人の偉人を取り上げています。世界に誇れるというくらいですから、ここで紹介されている5人は人間力が非常に高く、また多くの徳を積んでいる人物です。この本を読めば、徳を積むとはどういうことか。徳のある、人間力の高い人とはどのような人物のことを言うのか。そういったことを物語形式で知ることができます。文字数も少なく、欧米人へ向けて英文で書かれた文章を日本語に現代語訳されたものなので、読みやすく古典の入門書としてもおすすめです。

小さな損を選ぶことが徳を積むことになる

小さな徳を積むと幸福度が高まります。このことは統計データでも明らかにされています。このグラフは内閣府経済社会総合研究所が社会貢献活動と幸福度の関係を調べたもの。このグラフからは、最も幸福度が高いのは、何らかの社会貢献活動に関わっている人だという結果が出ています。反対に、社会的な活動に興味がない人は幸福度が低いのです。

人間は、誰かに喜ばれて感謝されることで幸せを感じる生き物です。小さな徳を積み、誰かの役に立てていると思うことで喜びを感じ、幸福になれるのです。そういう意味では、徳を積むことは人間力の基本的な要素だと言えます。つまり人間力のある人は、あたり前のように徳を積んでいるのです。また、日ごろから徳を積んでいると、人間力を高めることができる。つまり人間力と徳を積むことは相互関係にあると言えます。

では小さな徳を積むとは、具体的にどんなことなのでしょうか？　何をすればいいのでしょうか？　例として、人間塾の塾生が行っていることを紹介します。

人間塾名古屋の創業メンバーの一人に清水裕一さん（コラム参照）という方がいます。清水さんは塾生仲間とともに、自ら小さな損を選ぶことで徳を積むことを習慣化しています。

では、小さな損を選ぶとはどういうことなのでしょうか？

たとえばスーパーで買い物をするとき。多くの人は、通常であれば消費期限の長い、よりフレッシュなものを選びます。しかし清水さんは、あえて消費期限の短いものを買う。書店で平積みされている本や雑誌を買うときは、一番上のシワがついたり汚れたりしているものを買う。駐車場に車を止めるときは、出入り口から一番遠くの場所に止める。満員電車からホームに降りて、皆が我先にとエスカレーターに向かうときは、最後まで待ってからエスカレーターに乗る。

このようなことを日々実行していると言います。**自分が損をすれば、誰かが得をすることができる。**そう考えているのです。

それだけでなく、宴会場の予約が21時までだとしても20時45分には帰る。ホテルに

社会的課題解決のための活動参加意欲と幸福度の関係

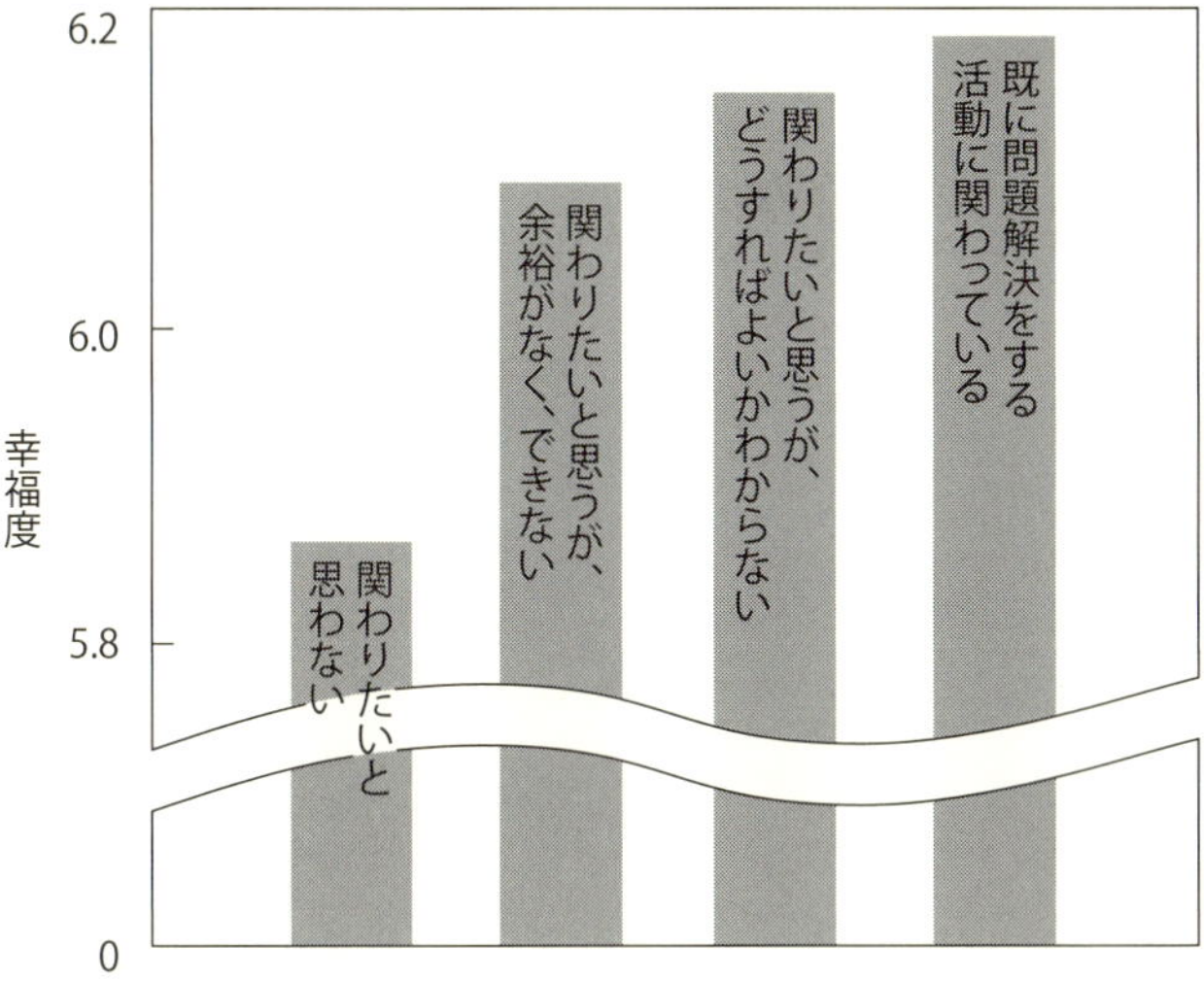

（出典）内閣府経済社会総合研究所「若年層の幸福度に関する調査」（2010〜2011年）より

泊まるときは自分の歯ブラシを持っていき、使い捨ては使わない。ホテルを出るときは、ある程度ベッドメイクをする。これは、鍵山秀三郎さんの教え「与えられた枠を使い尽くさない」そのものです。

清水さんが人間塾に初めて参加したのは、第1回目、2012年2月のことです。それまで清水さんは大手医療機器メーカーの営業マンとして活躍されていました。しかし、あるとき彼は会社から警告を受けることになります。部下への指導が厳しすぎる、パワーハラスメントではないか? と人事部に連絡がいってしまったのです。そのときに清水さんは人間塾の門を叩き、古典を読み、「生まれ変わろう」と考えた。そこで小さな徳を積むことを始めたのです。

人間塾で古典に出会い、仲間と出会った。そして小さな徳を積むことで、自分は正しいことをしているという確信を持てるようになった。清水さんはまさに生まれ変わったのだと思います。

西郷隆盛の有名な言葉に、「損は損ではない。得は得ではない」があります。「徳に励む者には、財は求めなくても生じる。したがって、世の人が損と呼ぶものは損ではなく、得と呼ぶものは得ではない」という意味です。

これを小さな徳を積むことにあてはめて解釈するならば、自分さえ良ければという気持ちで行動していると、自分の芯がどんどんブレていきます。確信が持てず、苦しくなります。一方、消費期限の短いものを買うなど、損と思われることをしていると、少しずつ内なる自信がたくわえられ、自分の芯がじっくりと太く育っていくのです。それだけでなく、小さな損を選ぶことで徳を積んでいると、誰かの役に立てている喜びも感じられます。一見損だと思うことが、実は2重、3重にもなって返ってくるのです。

小さな徳を積むことは、「自分だけが良ければいい」という気持ちを捨てること。まさに西郷隆盛の言葉、「己を愛するは善からぬことの第一也《なり》」です。『南洲翁遺訓』は、この考え方を私たちに教えてくれる最適な本です。

古典ではありませんが、鍵山さんの書籍『凡事徹底』(致知出版社)と『ひとつ拾えば、ひとつだけきれいになる』(PHP研究所)も非常におすすめです。鍵山さんが実践されている小さな徳を積むこと、損をすることが具体的に記載されています。小さな徳を積む際のお手本になるはずです。

ダメな自分を好きになれる

私たちはなぜ自分を好きになれないのか？

ダメな自分を好きになれる。堅い言葉で表現するならば「自己受容」です。自己受容とは、自分の良い面も悪い面も含めてすべて受け容れる、ということです。

この自己受容。できている人は世の中にどの程度いると思いますか？ きっと1割にも満たないのではないか。私はそう思います。

なぜその程度しかいないのか？

私たちは普段、経済合理主義のもとで動いているからです。経済合理主義で考えると、たとえば仕事をするうえで１００点満点中30点でもいいということはあり得ません。30点ではダメだ、50点でないと。いや50点でもダメだ、80点でないと。いや80

点でもダメだ、やはり100点でないと、という考えにどうしてもなってくる。そして100点とれなければダメな自分だと、自己否定をしてしまうようになるのです。

やがてそれがあたり前になってくると、私たちは相手にも100％であることをごく普通に求めるようになっていきます。100点達成したら、いいね、頑張ったね。80点なら、まだまだだね。60点ならダメだね、もっと頑張らないと、と相手を評価するようになっていくのです。

つまり私たちは、自分に対しても相手に対しても、100点だったらOK、認めます。しかしそれ以外はダメ、認めませんと、条件つきの愛で生きているのです。それでは自己受容などできるはずありません。

かつての私もそうでした。自分に対しても相手に対しても条件をつけて、認める・認めないとジャッジしていました。とくに自分のダメな部分にばかり注目して、ひたすら自分を責めていました。そうすることが自分を鍛え、成長させると思っていたのです。私自身、小さな頃から親にダメ出しをされて育ったので、それがあたり前の考え方になっていたというのもあります。そして自分に対するのと同じように、人に対してもダメ出しをしてきました。ダメ出しをすることで、その人は育つ。ずっとそう信じてきたのです。

しかし、そんなことばかりしていると、当然ですが人間関係はうまくいかなくなります。人間関係がうまくいかないと、自分も苦しいし、相手も苦しい。

そもそもこの世界には完璧な人は一人もいません。となると、常に周りの人に「ダメだ」と言い続けなくてはならなくなります。つまりある意味、世界中のすべての人を敵に回すことになるのです。一方で、もちろん自分も完璧ではないわけです。ですから、永遠に自分を責め続けることになる。

「自分を愛する以上に人を愛することはできない」という有名な言葉があります。まさにそのとおり。人は自分を愛する以上には人を愛することはできない。つまり、自分を許すことができない人は、相手も許すことができないのです。反対に、**ダメなところも含めて自己受容できれば、ダメな相手も許すことができる**ということです。そうなれば、当然、人間関係は劇的に変わります。

では、どうすれば自己受容できるのか？

ダメな自分を変えようとか、改善しようとするのではなく、まずはありのままの自分を認めること。たとえどんなにひどい自分でも一度ＯＫを出して、傷ついている自分を抱きしめてあげる。「ダメな自分かもしれないけれど、根はそんなに悪い人間じゃないだろう。やり方が下手、表現が下手なだけだった。動機は常に善だった」。そうやって1回認め、許してあげる。そこから始めないと、決してその先にはいけないのです。

しかし、ありのままの自分を認めることが大切だとわかっていたとしても、「では、そうしよう」「自分のことを認めよう」と、すぐにできるものではありません。できることならとっくにしている。それができないから苦しいのだと、多くの人が思うはずです。

ではどうするのか。そこで、古典の教えが有用なのです。古典を読み、たとえば小さな徳を積んでみる。そうすると少しずつ内なる自信がついていきます。自信がついてくれれば、自分を少しずつ少しずつ許せるようになっていくのです。

私自身、日々「ああ、やってしまった……」の連続です。昔の私であれば、その時点で自分を責め立てていました。しかし今は、「でも俺、ごみ拾いしているしな」「トイレ掃除しているしな」「靴のかかと揃えているしな」「昔に比べたら、頑張っているよな」「俺は俺なりに頑張っているよな……」。そう自分を受け容れられるようになってきたのです。

人間塾の仲間にも、自己受容ができるようになったことで、最悪の状況から抜け出した人がたくさんいます。

小林さん（仮名）は、仕事の対人関係が原因で自殺をしかけたと言います。自殺を考えるのは、人生に絶望しているということ。自分が嫌いで許せない状況だったのだろうと思います。彼が人間塾に来たのは、私のメルマガを読んだことがきっかけでした。そして、人間塾は通算50回以上、初回からずっと皆勤賞です。今では人間塾のムードメーカー的存在で、彼がいると周りが明るくなります。自殺を考えていた人が立ち直り、非常に明るくなった。きっと古典に学ぶことで自己受容ができるようになったのだと思います。

私と同じようにうつ病でつらい思いをした人もいます。中でも、篠崎龍治さんは、上司との人間関係に苦しみ、うつ病になったと言います。うつ病は基本的には自分を責めるがゆえになる病気。彼は苦しいときに私のメルマガに出会い、立ち直ることができたと言ってくれています。今は会社員をするかたわら、人間塾が主催する人生学の認定講師の資格をとり、講師として人生学を一緒に広めてくれています。また、アドラーの解説本を電子書籍で3冊出版し、アドラー派のコーチとしても活躍されています。さらには、ご自身が苦しかった頃のことを書き綴ったブログも人気です。彼の今の活躍も、自分を認めて受け容れることができたからこそだと思います。

「朝孔子、夜老子」で生きる

さきほど、私たちは条件つきの愛で生きているとお話ししました。その反対が、「無条件の愛」です。私はこの言葉に触れた瞬間に心が震えます。そして肩の力がふっと抜けるような安心感、なんとも言えない感動を覚えます。

たとえ世界中が敵にまわったとしても、母親は子どもを愛する。「お前は本当はいい子なんだよ」と愛して許す。これが無条件の愛です。その愛で人は救われるのです。自己受容とはまさにこのことです。自分を無条件に愛することなのです。決して完全な人間に近づくということではない。50点の自分でもいいし、30点でもいい。極端に言えば0点だってＯＫ。自己受容に点数は関係ないのです。

しかし、それではダメなままで何も変わらないではないか。どんどんダメな人間になってしまうのではないか。多くの人はそのように考えます。

そこで私が提案するのが、「朝孔子、夜老子」の考え方です。

「足るを知るの足るは、常に足る」。これが老子の教えです。ようは「いいじゃない、今のままで」ということです。東洋哲学で言うとダメな自分を好きになるは、老子思想や老荘思想と言われます。

この対極にあるのが孔子の思想だと私は思います。『論語』の中で孔子は、「君子、かくあるべし」と高い理想を掲げ続けました。また既出しましたが「修己治人」も孔子の教えです。まず己を修めなければ人を治めることはできない。自身の人間力を高めてからリーダーになりなさいと、孔子は非常に厳しいことを言っています。

この二つの思想は、一般的には両立し得ないとされています。しかし私は、両立できると考えます。いや。むしろ両立しなければダメだと考えているのです。

それは、どういうことでしょうか？

朝孔子とは、すなわち、朝に高い目標を掲げるのです。今のままではダメだ、かくあるべし、と高い理想を掲げ、精一杯やる。しかし一日が終わり夜になったら、たとえ目標が達成できなかったとしても、「自分なりによく頑張ったな」「精一杯やったんだな」と、自分にＯＫを出すのです。

しかし、これだけで終わっては、ただのダメダメ人間。そこで翌朝もう1回やり直すのです。よし、昨日できなかった分を取り戻すぞ。２００％やるぞと気持ちを入れ替えてやってみる。そして、夜になったら「今日もダメだった」になるかもしれない。しかし、それでもＯＫ。終わった後は、決して自分を責めず、許し、そしてエネルギーを溜める。それを翌朝、高い目標を掲げやり直す。つまり、朝孔子、夜老子を繰り返せばいいのです。

朝孔子、夜老子は、不完全なありのままの自分をそのまま受け容れる自己受容がなければできません。逆に自己受容があるからこそ、毎日頑張ることができるのです。

勇気があれば人は勝手に成長する

また、自己受容には勇気が大いに関係してきます。

アドラー心理学では、「勇気が不足すると人は非建設的な行動をとる」と考えます。

勇気とは、困難を克服する活力、チャレンジするエネルギーのことです。これが不足すると、人は自己を防衛するために相手に対して攻撃的になったり、もしくは傷つくことを恐れて人間関係を回避したりするようになるのです。

同窓会がわかりやすい例です。たとえば失業していたり、外見の衰えが気になり始めていたりしたとき。人は勇気が欠乏すると同窓会に行かなくなります。みじめな自分を見られたくない。人と会って傷つきたくないと思うからです。これが回避です。

一方、勇気があれば人は難しいことにもチャレンジします。また、人の役に立とうともします。たとえば電車で座席を譲るのも、勇気という活力がないとできません。拒否されたらどうしよう。偽善的と思われるのではないか。そんな考えが頭をよぎるからです。しかし勇気があれば、失敗を恐れずに行動に移すことができるのです。

勇気は自己肯定感や他者へ対する貢献感、すなわち自己信頼から形成されます。ダメな自分を好きになると、勇気が生まれる。すると人はそこで満足せず、もっと良くなろうとする。これがアドラー心理学の考え方です。

「豚もおだてりゃ木に登る」という言葉があります。まさにそうなのです。人は自己受容ができて勇気が補充されればそこで満足せずに、もっと頑張ろうと思うもの。しかし多くの上司は、おだてて調子に乗らせるとそこで満足するからダメだと考えます。もしくはおだてるとつけ上がらせるだけだと言います。しかし、実際はそんなことはありません。人間の本質は「もっともっと」。叱咤《しった》されるから頑張るのではない。励まされ、成功体験さえ積めば、放っておいても、もっとできるようになりたいと思い頑張るのが人間なのです。

しかしそう言うと、得てしてこのように反論をされてしまいます。「そうは言っても、小倉さん。たとえばサッカー日本代表の本田圭佑などの一流の人は、自分にものすごく厳しいですよね？」と言われます。それはそのとおり。しかし。私はこう問います。「では、あなたの部下は本田圭佑レベルなのでしょうか？」と。

自分の部下がすでに一流だったら厳しくすればいい。一流の人は十分に勇気が補充されているので心のガソリンタンクは満タンです。ですから、厳しくすればするほど成長します。しかしあなたの部下は世界レベルでの超一流でしょうか？　私を含め、まだまだ世界レベルには達していないのではないか？　そうであればガソリンタンクは満タンではないはずです。エネルギーが不足している状態のときにむやみに厳しくしたところで、その人は頑張れるでしょうか？

厳しくするのは、まずガソリンを入れてから。そのためには「勇気づけ」が必要です。つまりダメなところも含めてすべてを受け容れないと、ガソリンは入らない。ここがダメ、あそこがダメとやっていたら、ガソリンは永遠に入らないのです。

人を成長させたいと思ったら、まずはその人を認めること。そのためには、あなた自身が自分を認めることも必要です。人は自分自身を自己受容できると、人を認め受容できるようになる。この二つは必ずセットなのです。

「勇気」はアドラー心理学の重要なキーワードです。そのため、勇気についてはアドラーのどの書籍にも触れられています。その中でもあえて1冊あげるなら、『個人心理学講義』(アルテ)がおすすめです。

実はアドラー自身は本を1冊も書いておらず、彼の著作の全部が講演の講話記録です。体系化された本のほとんどはアドラーの弟子が書いたものなのです。アドラーの書籍は格調高く、哲学的ですが、いかんせん日本語訳も含めてわかりにくいのが玉に瑕《きず》です。その点、アドラー心理学を体系化した高弟の一人、ルドルフ・ドライカースの本はわかりやすくておすすめです。『勇気づけて躾ける』(一光社)は子育てについての本ですが、人間塾の課題図書としても好評を博した、とてもいい本で自信を持っておすすめできます。

このようにさまざまな古典を読むことを通じて、自己受容、すなわち、ダメな部分も含めてありのままの自分を受け容れることができるようになる、と私は思います。

感謝できるようになる

感謝できないのは心のアンテナの感度が低いから

私がコンサルタントとして、ある会社の組織変革のお手伝いをした際のことです。私はその会社の従業員一人ひとりにインタビューを行いました。そのときのある社員のコメントを、私は今でも印象深く覚えています。その方はこう言いました。「うちの部長は人間として恥ずかしい」と。

その方曰く、一緒にランチにいくと、部長はお店の人にとても偉そうな態度をとる。言葉遣いが乱暴でふんぞり返って接する。それが一緒にいて非常に恥ずかしい。こんな人の下で働いているのかと思うと、私は情けなくなる。その方はこのように言いました。まさにこの出来事に人間力が現われていると、そのときに私は思いました。

人間力の低い人は感謝しません。この方がおっしゃったように、たとえばカフェでお店の人がコーヒーを運んできても、何も言わない。何かを頼むときもひどくぞんざいな態度をとる。お金を払っているのだからやってもらうのはあたり前だ。そう考えます。

一方、人間力の高い人の場合。お店の人がコーヒーを運んできたら、にっこり笑って「ありがとう」と言う。頭を下げる。お金を払っていても、「こんなに丁寧にやっていただいて有り難い」と思います。

なぜこのような違いが出るのでしょうか？

人間力の高い人は、ごくごく小さなことを有り難いと感じます。それは、有り難いことをキャッチする心のアンテナの感度が高いからです。心のアンテナの感度が高いと、毎日三度の食事が食べられるだけで有り難い。ベッドに寝られるだけで有り難い。蛇口をひねると水が出るだけで有り難い。究極には命があるだけで有り難いと、ごくごく小さなことにも感謝の気持ちを持つようになるのです。

一方、人間力の低い人は心のアンテナの感度が低いため、有り難いことだと気づくことができません。

「有り難い」という意味は、有ることが難しい。つまり、存在することが珍しい、めったにないという意味です。その反対はしょっちゅうあること。あって当然のこと。つまり「ありがとう」の反対語は「あたり前」です。

同じ出来事を、有り難いと思うか。それともあたり前と思うか。そこには心のアンテナの感度が関係してくるのです。

ですから感謝は、「感謝しなさい」と言われてできるものではありません。心のアンテナの感度を高めなければ、感謝できるようにはならないのです。

では、どうすればアンテナの感度を高められるのか？

第1章でもお話ししましたが、古典を読むことが必要なのです。古典を読み、アンテナを立てて自分を育てていく。そうすると少しずつではありますが、小さなことにも感謝できる人間になれるのです。

古典を読む以外にも心のアンテナの感度を高める方法があります。それは次の三つ。逆の立場に立ってみること。心のアンテナの感度が高いお師匠さんを持つこと。今あるものを失ってみること。

まず一つ目の「逆の立場に立ってみること」とは、たとえば部下のときは上司の大変さはわかりません。上司になったときにはじめて上司の大変さがわかります。もしくは、実際に子どもを産み育てることで、はじめて親の有り難みがわかります。

そして二つ目。人間力の高い人は、小さなことにも感謝します。そんな人のそばにいて、その振る舞いを見ていると、できていない自分が恥ずかしくなるのです。「お手本を持つ」と、いかに自分が感謝できていないかに気づくことができます。

最後、三つ目の「今あるものを失ってみる」は、たとえば健康をなくしてみる。病気になれば健康の有り難みがわかります。もしくは、衣食住に関するものをなくしてみる。私は3年前にサハラ砂漠マラソンに参加しました。1週間かけて砂漠を走るのですが、その間は砂の上に寝るわけです。当然ですが、冷暖房もない、食堂もない、ベッドもない、お風呂もない、水道もない。食料ですら自分が持参したもののみ。終わったあと、シャワーを浴びられることがなんと有り難かったことか。ベッドに寝られることにどれほど感動したことか。なくしてみると、有り難みがしみじみとわかるのです。

なくしてみることの疑似体験として、私は次の2冊をおすすめします。ヴィクトール・E・フランクルの『夜と霧』(みすず書房)、そして『きけ　わだつみのこえ』(日本戦没学生記念会編、岩波文庫）です。

『夜と霧』はヴィクトール・E・フランクル自らが強制収容所に収容された体験を語った書です。既に述べたように新版と旧版が併売されていますが、私は旧版をおすすめします。旧版には解説と写真がついていますが、新版ではそれらが削除されているからです。ぜひ解説や写真も見てほしい。解説や写真も見ることで、その凄惨な状況をしっかり受け止めてほしいと思います。

そして『きけ　わだつみのこえ』は、第2次世界大戦で戦没した学徒兵たちの手記を集めた本です。本を読むだけでなく、鹿児島県の南九州市にある知覧特攻平和会館で遺品や資料を見るのもいい。そこで語り部から話を聞くのも貴重な体験となります。

この2冊の古典を読むと、今の自分とはかけ離れた状態で生きてきた人がいること。そして、いかに今自分が恵まれているかということに、気づくことができ、感謝に対する心のアンテナが高くなるはずです。

「ありがとう」は相手も自分も勇気づける

感謝の言葉「ありがとう」は、実は相手に対しても勇気をもたらします。

前項ではアドラー心理学の勇気について述べました。アドラー心理学では、勇気を相手の心に補充することを「勇気づけ」と言い、大切にしています。この勇気づけに最も効果的な言葉が「ありがとう」なのです。

「ありがとう」と言われると、人はエネルギーが湧いてきます。自己肯定感や貢献感が高まり、難しいことにもチャレンジできる活力が増すのです。苦しいことから逃げずに立ち向かっていくエネルギーが高まるのです。

一方で、人を勇気づけることは、自分を勇気づけることにもなります。たとえば私が部下を勇気づけたとします。すると部下はエネルギーが湧いて、次々にチャレンジするようになる。自信を持っていきいきと働くようになる。うれしそうに働く部下を見て、私がどう思うか。「俺ってけっこういい上司かも」と思うわけです。そう思えれば、当然、自分も嬉しい。そこには幸せな循環が生まれていきます。

反対に部下の勇気をくじいてしまうと。部下のやる気がなくなっていきます。部下にダメ出しをしたり否定ばかりしていると、部下はどんどん元気がなくなっていきます。つらそうにしている部下を見ると、「あんなこと言わなきゃよかった……」「俺はダメな上司だ」とこちらも落ち込む。相手の勇気をくじくと自分の勇気もくじかれる。すべては鏡のように返ってくるのです。

感謝に秘められた大きな力

このように感謝は、相手を喜ばせ勇気づけることができます。同時に、自分も幸せな気持ちを感じることができます。感謝することで、互いの幸福感がどんどん反射し合い、次々とアップしていくのです。しかも感謝の効能はそれだけではありません。**人間は、感謝すると底力が出る**のです。

高橋尚子選手は、シドニーオリンピックの女子マラソンで金メダルを獲得しました。彼女は走っている間中、ずっと心の中で監督や周囲の人に感謝の言葉を念じ続けた。だから頑張って走ることができたと言っています。

ソチオリンピックで奇跡の8回の3回転ジャンプを成功させた浅田真央選手。彼女は1回ジャンプを飛ぶごとに家族や周囲の人の顔を思い浮かべ、「ありがとう」と心の中で感謝を伝えていたそうです。

さらにこんな話もあります。進学塾の先生に教え方を指導している木下晴弘さんという方がいます。木下さんがまだ進学塾の先生をしていた頃のこと。入試のテスト直前に、木下さんは、子どもたちが両親へ感謝を伝える場を設けていました。すると、合格ラインギリギリだった子どもたちが軒並み合格したと言います。感謝の気持ちを持って試験に臨むと、テストの点まで上がる。

このように感謝には、2重、3重、5重の効果があるのです。

余談になりますが、私の家ではいまコザクラ・インコのチャミを飼っています。長期間の旅行に行くとき、親戚に1カ月ほど預かってもらいました。すると今までまったくしゃべらなかったのに、帰ってきたら言葉を話すようになっていたのです。覚えた言葉は三つ。自分の名前「チャミ」と「おはよう」、それから「ちょっと」です。「チャミ」と「おはよう」はわかる。しかし「ちょっと」はなんだ？　なぜこの言葉を覚えたのだろうか？

そう思って親戚の家のことを考えてみると、わかりました。おばがおじのことを、いつも「ちょっとー」と呼んでいるのです。インコは言葉を教えても、なかなか覚えない。一方で、普段、人間がよく言う言葉は勝手に覚えるそうです。

「我が家では、とうとうチャミに言葉を教えることができなかったね、残念だね」。そう妻と話していたあるときのことです。チャミが聞き慣れない言葉をしゃべっているのに気がつきました。

「×××」。なんだ？　なんて言っているんだ？　よくよく聞いてみると。「アリガド」。え？「ありがとう」。チャミは確かにそう言ったのです。

「ありがとう」は一度も教えたことはありません。しかしチャミはそれ以来、何度も「アリガド」と言うようになりました。チャミが口にするようになったということは、我が家では「アリガド」をたくさん伝え合うことができているのかもしれない。人間塾を通じて、古典を学んできたことで、私も少しずつ感謝できるようになってきた。それを実感できた、嬉しい出来事でした。

素直に即実行できるようになる

なぜ一流の人は皆、素直なのか？

「かんぱーい」「おつかれさまー」。居酒屋で声を掛け合い、ビールを口にしようとしたとき。あれ？　さっきまで目の前にいた大累さんがいないな。そう気づいた私は、「大累さんはどうしたの？」と聞きました。その場にいた一人が「電話をかけてくるって言っていましたよ」と教えてくれました。仕事で緊急事態でも発生したのだろうか。大丈夫かな。廊下をのぞいてみると、確かに大累さんが誰かに電話をかけている様子。すぐそばで話しているので、声がもれ聞こえてきます。「昨日の資料だけどさ、ごめん。俺ぼろくそ言っちゃったけど、あれ、けっこうよかったよ」。そう大累さんが言っているのが聞こえてきました。なんて素直なんだ。本当にいい奴だなあ……。大累さんの言葉に、私は感動しておもわず涙が出そうになりました。

居酒屋に行く数時間前のこと。その日、私はアドラー心理学のセミナーを行っていました。そのセミナーには大累さんをはじめ、人間塾の仲間が来てくれていました。せっかく皆が来てくれたのだからと、セミナー後に皆で打ち上げをすることになったのです。

私はその日のセミナーで、「正の注目と負の注目」というワークをやりました。部下が仕事で70点をとったとき。あなたはプラスの70点に注目しますか？　それともできていないマイナスの30点に注目しますか？　というものです。多くの人はマイナスの30点に注目します。しかしそれをやられた相手の気持ちはどうでしょうか。それではやる気を失うばかり。足りない30点よりも、まずはできている70点を認めること。それが勇気づけになる。そんなアドラー心理学の考え方を話したのです。

すると、大累さんはこの話を聞き、「うわー、俺、昨日やっちゃったばっかりだ。部下にぼろくそ言っちゃったんだよなあ」と言っていました。そのあとの電話が先ほどのシーンです。セミナーが終わったあとすぐに、部下に電話をかけていたのです。

大累靖弘さん（コラム参照）は、ビジョナリーカンパニーとして名高いジョンソン・

エンド・ジョンソンにおいて、最速でディストリクト・マネジャー（日本法人でいうところの部長相当職）になった人。やっぱり優秀な人は素直に即実行なんだな。だからトップになるんだな。彼の行動を見て、私はそう確信しました。

「素直初段になるのに40年かかりました」。これは松下幸之助さんの言葉です。また、フジゲンをわずか一代で世界一のギター会社に育てあげた横内祐一郎さんは、「一流の人は皆、素直です。素直だから一流になれた」とおっしゃっています。

素直だとなぜ一流になれるのか？

素直な人は助言を受ければすぐに実行します。たとえば「人の上に立つ人は、道に落ちているごみを拾いましょう」と言われたら、素直な人は「そうだな」と思い、その日からごみを拾い始めます。素直に即実行するので、自然にその人の周りには人が集まってきます。そして皆が助けてくれるようになるのです。

一方、素直でない人は、なんやかんやとできない理由を言います。理由をつけてやろうとしないのです。「ごみを拾ったらいいですよ」と言われても、「理屈はわかるけれど、中々できないよ」「今度やろう」などといって、永遠にやりません。それを繰り返していると、「この人には何を言ってもダメだ」と思われ、次々に人が離れていきます。誰もその人を助けなくなってしまうのです。

人間は誰でも一人では何も成し遂げることはできません。周りの人の力があってはじめて、成し遂げることができる。周りがいかに協力してくれるか。助けてくれるか。その人に、人を引き付ける力があるかどうかで、一流になれるかどうかが決まってくる。だからこそ、**一流の人は皆、素直**。素直だから一流になれるのです。

素直な人は縁の偉大さを理解している

素直に即実行とは、「縁を信じる」ということでもあります。

では、縁を信じるとは、どういうことなのでしょうか？

仏教の教えで、私の好きな言葉があります。それは「諸法因縁生《しょほういんねんしょう》　縁欠不生《えんけつふしょう》」です。「因」とは直接的な原因のこと。「縁」とは間接的な原因のことです。あらゆることは、因、すなわち直接的な原因と、縁、すなわち間接的な原因でできている。そして因があっても縁がなければあらゆることは成し得ない、といった意味です。

たとえば一生懸命勉強して、志望大学に合格したとします。そのとき私たちは、自分が頑張って勉強したからだ。因、すなわち自分のおかげだと思います。しかし大学に合格できたのは、本当に自分の頑張りのおかげ、ただそれだけでしょうか？　そうではない。大学に合格できたのは、親が一生懸命育ててくれ、学校に行かせてくれたからです。もしかしたら中学や高校で素晴らしい先生に出会って数学のおもしろさに目覚めたからかもしれない。一緒に頑張った友達がいたからかもしれない。多くの縁が重なって、大学に合格することができた。つまり、縁のお陰でもあるのです。

人間は、ありとあらゆることを自分でやった、つまり因を過大評価してしまいがちです。しかし実際はそうではありません。自分でも気づかないたくさんの縁のお陰様で私たちはこうして生かさせていただいているのです。

縁というのは摩訶不思議なもの。不思議とは「思議できない」ということです。思議とは考えること。つまり考えられない。考えてもわからない。それこそ神様仏様の世界。それが縁です。縁を大事にするということは、ある意味、合理主義を捨てるということ。思議できない世界ですから、そこに合理性などないわけです。

人間力の高い人は、何事もこの縁なしには成し得ないことがわかっています。ですから、縁を大切にする。人からすすめられたら、その本を読んでみる。そのセミナーに行ってみる。その人に会ってみる。それをやってみる。縁を大事にしてノータイム・ポチで実行するのです。これこそが、まさに「素直に即実行」ということになる。**素直に即実行する、ということはすなわち縁を大切にする、こと**なのです。

一方で、縁の力を信じられない人は、「いつか読もう」「いつか行こう」「いつか会おう」と、それらをリストの一番下に載せます。一度リストに載せてしまうとそれは永遠に実行されません。なぜならば、私たちは日々緊急度の高いやることだらけで忙しいからです。つまり、リストの下に載せたご縁、すなわち、他人からすすめられた本や人やセミナーは、いつまで経っても日の目を見ることはない。永遠にリストの最下位から脱出できない。つまり、実現しない、ということなのです。

人間力の高い人は、どんなに忙しくても、「ご縁」と思い、無理やりにでも時間をつくって本を読む。人に会う。実行する。それは縁を信じているからであり、縁の大きさ、素晴らしさをわかっているからです。それはすなわち、これまでの自分の人生も因だけではなく縁のお陰であった。それをわかっているという証拠です。「自分の力で生きてきた」と勘違いせずに、ご縁のお陰だと気づける謙虚さがある、ということなのです。縁を信じる力。これも非常に大切な人間力の一つだと私は思います。

あらゆる人の言うことを素直に実行するわけではない

素直に即実行。縁の力を信じて、ノータイム・ポチ。私が古典から学んだことをお伝えすると、多くの人は「確かにその通りだ」と自らを反省し、行動を改めようとされます。しかし、いざ、実行しようとすると、大きな壁にぶつかるのです。それは、あらゆる人の言うことを素直に聞いて即実行していたらめちゃくちゃになる、という現実です。

AさんとBさんとCさんの言うことをすべて聞いて実践したら、それぞれが矛盾します。また、実行してみたら、大変な問題が起きた、ということもあるかもしれません。それはあたり前のことです。

そうではなく、あなたが「信じ」「尊敬できる」と思う人の言うことだけを、素直に即実行すればいい。そうでない人のことは、素直に即実行する必要はないのです。

あなたが「信じ」「尊敬できる」人の言うことであるならば、たとえ、騙されたとしても、行ってみるだけの価値はあるでしょう。失敗したとしても、そこから何かを学ぶことができるかもしれない。その意味では、古典の著者こそは、まさに「信じ」「尊敬できる」人なのではないでしょうか。

何十年、何百年、何千年という風雪に耐えてきた偉人の言葉であるならば、まさに信じる価値がある、ものです。その意味でも、古典こそは読み、実践するに値する対象なのではないでしょうか。

たとえば、私は森信三氏がおっしゃるしつけの三原則を疑うことなく、すぐに実行してみました。既に述べましたが、しつけの三原則とは「靴のかかとを揃え、イスをしまう」「毎朝親にあいさつする」「呼ばれたらハイ！と返事をする」の三つです。

以前の私は、玄関に靴を出しっ放しにし、二人家族にも関わらず玄関に靴が10足以上あるような状態でした。それが、前章でお伝えしたとおり、靴のかかとを揃え、玄関に自分と妻の分を一足ずつだけ残して下駄箱にしまう習慣をつくったところ、玄関のみならず家中がきれいに整頓され掃除が行き届くようになったのです。

同様に、それまで惰性に流されたように「おはよう……」と挨拶していたところを「おはようございます！」と真っ先に挨拶するようにしたところ、夫婦仲までもが変わってきたように思います。

普通であれば「子どもじゃないんだから、しつけの三原則なんてやってられないよ……」となるところでしょう。しかし、私は森信三氏の教えに大きな感動を受けました。この先生は本物だ。もっと学びたい。そう思ったのですから、先のように素直に即実行するのはあたり前ではないでしょうか。

誰彼構わず、言われたことに従うのではなく、自らが「信じ」「尊敬できる」人の言葉を信じ、素直に即実行する。これも、何百年、何千年の風雪に耐えてきた古典を読んでいるからこそ、できることなのです。

運命を受け容れられるようになる

受け容れるとは苦しみに意味づけをすること

「運命を受け容れる」に関する、私が非常に好きな言葉があります。

【平静の祈り】
神よ、願わくは我に
変えられることを変える勇気と
変えられないことを受け入れる忍耐力と
両者の違いを理解する知恵を与えたまえ

ラインホルド・ニーバー

これは前項の因縁とも通じる話です。変えられることは因です。自分の努力で変えられることを変えるには勇気が必要です。一方で、変えられないこともあります。それが縁です。どんなに頑張っても変えられないことを、受け容れる忍耐力を持つこと。これこそが「運命を受け容れる」、ということです。つまり運命を受け容れるとは、変えられないことを受け容れる力を持つことです。

人生には自分では変えられないことがそれこそ山のようにあります。変えられないのに逆らおうとするから苦しくなる。反対に、逆らわずにそれを受け止める力を持てれば、苦しみが少なくなるのです。

しかしそうは言っても、実際には、つらいこと、悲しいことは、到底受け容れられるものではありません。ではどうすれば受け容れられるのか？

運命を受け容れるとは、つらいこと、悲しいことにポジティブな意味づけをするということです。その究極は学びと気づきであると、私は思っています。

たとえば大きな事故にあったり、大病をしたりしたとき。私たちはその事実を中々、受け容れることはできません。しかし、受け容れようが受け容れまいが、大怪我や大病は私たちを苦しめるのです。そこで、もしもこの運命を受け容れる、唯一の救いがあるとすれば、「気づき」しかないのではないでしょうか。

大怪我や大病をすることによって、ようやく感謝に気づけた。親や家族の有り難みに気づけた。ご飯を食べ、日々暮らすことの喜びに気づけた。生きる幸せに気づけた……。この出来事がなければこれらのことに気づくことはできなかっただろう。そう意味づけることではじめて、今起きたことを少しずつでも受け容れることができるのです。

受け容れることができたら、次にどうすればいいのでしょうか。それは、今できることだけに集中するのです。

多くの人はできることをせずに、できないことに集中します。運命を恨んだり、人を責めたり、泣き言をこぼしたり。自分はなんて不幸なのだと嘆き悲しむことにエネルギーを割きます。しかし、それは時間とエネルギーのムダです。できないことをしようとして、自分をさらに苦しめるのではなく。自分ができることを見つけて、それだけを実行する。究極の状態であればあるほど、そこにその人の生き方が現れるのです。

これは何も命に関わるような大きなことに限らず、日々の中でも同じです。たとえば電車に乗っていたら事故で電車が止まってしまった。そんなときにイライラしているヒマがあったら、頭を切り替えてこの時間に何ができるかを考える。その姿勢で日々を積み重ねていける人と、文句を言っていつも被害者面をしている人。当然ですがこの両者の人生の間には、圧倒的な差がついていくのです。

受け容れれば状況が変わるわけではない

よく「神様は乗り越えられない試練は与えない」と言われます。つまり今ある試練は、必ず乗り越えられるということです。しかし、ではその試練は何のために用意されるのか？

私たちが成長するためです。

多くの人の悩みの一つに、上司との関係があります。上司が自分に面倒なことばかりを押し付ける。自己保身ばかりしている。暴言を吐く。理不尽である。どうにも我慢がならない……。

その上司こそ、大嫌いな上司こそがあなたにとっての壁なのです。あなたがその上司をどのように受け容れて、自分自身がどう変わるか。あなたが成長できるかどうか。あなたは試されているのです。

第1章で下座行の話をしました。自分が普段やっていることよりも一つ下のことをやる。その例として、ごみ拾いやトイレ掃除を出しました。実は、自分よりも人間的に格が劣ると思う人を立てて上司として仕えることも、下座行の一つなのです。

理不尽で最低な上司でも、バカにしたり無視したりしない。きちんと自分の上役として立てて、頭を下げ、その人の言うことを聞いて仕事をする。そうすると、理不尽な思い、悔しい思いをたくさんすることになります。しかしそういう思いをした人は、心の根が太くなる。大地にどっしり根が張って、少しのことにもびくともしなくなるのです。そのために、あなたは理不尽な上司に出会った。それは、すべて神の恩寵なのです。

では、こんな場合はどうでしょうか？ 上司のことを受け容れると覚悟して、上司を敬い、しばらく頑張った。しかし上司は以前と同じで、理不尽で最低なまま状況は一向に変わらない。このまま、ただただ上司の言うことを聞いて働く意味があるのか……。このような質問をされることが、よくあります。

そのときに私はこう答えます。「下座行は相手を変えるためにするのではありません。自分が成長するためにするのです」と。理不尽な上司を受け容れるのは、状況を変えるためにするのではない。受け容れない限り永遠に苦しいから、私たちがそれをわかり、私たち自身が変わり、成長するために、理不尽な相手を受け容れるのです。

第1章でエリック・バーンの言葉「過去と他人は変えられない。未来と自分は変えられる」を紹介しました。この意味を誤解する人が多くいます。私もそうでした。私は最初、相手をいきなり変えることはできないから、まずは自分が変わろう。そうすれば、相手も変わってくれる。そう理解しました。これは大きな間違いでした。変えられるのは自分だけ。相手は変えられないのだから、そもそも変えようとしなくてていいのです。自分が変わることで相手を変えようとしていた時点で、私は間違っていたのです。

これこそ、さきほどの上司の話と一緒です。自分が受け容れることで上司に変化を求めるのではない。上司が変わろうが変わるまいが、関係ない。ただ自分の成長のために、自分が変わること。相手に何の期待もせずに、自分を変えようとするからこそ、自分の人間力が高まるのです。

ヴィクトール・E・フランクルは著書『それでも人生にイエスと言う』（春秋社）で、次のように語っています。「人生に意味を問うな　人生があなたに意味を問うている」と。

多くの人は、何のために生きるのかと質問します。しかしそうではない。われわれは人生に質問されている側なのだ。つまり生きる意味は自分で見つけ出し、つくり出すものだと言っているのです。これもさきほどの上司の話と同じこと。上司に従うことに意味があるかないかを問うのではない。そのことから自分が意味を見つけられるかどうか。これが大切なのです。

物理的、経済的、社会的な死を迎える前に宿題に気づくこと

しかしいくら説明をされても、なかなか運命を受け容れることはできない。受け容れればいいのだという心持ちにはどうしてもなりにくい。そういう人は、まずは受け

容れるとはどういうことかを、古典に学ぶことから始めてはいかがでしょうか。

人間塾の課題図書である、ひろさちやさんの『般若心経入門』はそれにうってつけの書です。同書には諸法実相や良寛和尚の話が出てきます。「できないことに逆らうから苦しい。受け容れないと永遠に苦しみから逃れられない」という仏教の教えを、ひろさちやさんがわかりやすく説明してくれています。

また、人は、自力ではどうしようもない苦しみを経験すると、受け容れることができるようになります。それはどういった経験でしょうか。

人が大きく変わるきっかけは三つあると言われています。一つ目は生きるか死ぬかの病気になったとき。二つ目は破産など経済的に破滅したとき。三つ目は刑務所に入るなど社会的に破滅したとき。

物理的に死ぬか、経済的に死ぬか、社会的に死ぬか。人間は死ぬ間際でようやく受け容れることができるようになるようです。つまり、そのくらいのことがなければ、私たち凡人は大きく変わることができないとも言えるでしょう。

「神様は同じ宿題を出し続ける」と言います。本来であれば、物理的、経済的、社会的な死を迎える前に気づきなさいよ、と、神様は私たちに小さな宿題を何度も出してくれているのです。しかし、私たちはその宿題を見て見ぬふりをして、問題を先送りする。そうしていると、宿題が雪だるま式にどんどん、大きくなっていく。そしてついにその宿題に押し潰されて、物理的、経済的、社会的な死を迎えることになるのです。

たとえば私が二度もうつ病になったのは、まさに神様からの宿題を無視し続けたからだと言えます。一度部下マネジメントで失敗したのに、見て見ぬふりをした。自分は悪くない、部下が悪いと思っていた。すると場所を変えてもまた同じ失敗を繰り返すのです。しかも、今度はもっと大きな失敗となってそれは襲ってくる。雪だるまは転がるうちにどんどん大きくなっていく。どこかのタイミングでその雪だるま、すなわち神様からの宿題を受け容れて自分自身が変わらない限り。やがて、その雪だるまはさらに肥大して私たちの命を奪うほど大きくなってしまうのです。

人間塾の塾生にも、神様からの宿題を受け容れることで立ち直った人がいます。

谷ヶ城隆さんは先代から継いだ建設会社を経営していました。最初は順調でしたが、いつしか資金繰りが悪化し、会社は倒産の危機に直面してしまいます。そして、谷ヶ城さんは、会社のみならず個人の資産まで、そのすべてを失ってしまったのです。こうなってしまったからには、自殺して返済するしかない。谷ヶ城さんはそう思い、悲壮な表情で覚悟を決めました。そのときです。それを察した、小学校6年生の娘さんが谷ヶ城さんにこう言ったのです。「お父さん。私、頑張るから、お父さんも……」谷ヶ城さんは、この言葉で我に返ったと言います。そして恥を忍んでもう一度頑張ろうと、人生をやり直し始めました。

この出来事がなければ、今までの悩みや苦しみが自分自身に問題があるために起こっていたことに気づかなかった。そう谷ヶ城さんは言います。起こったことはすべて良いこと、意味があること。そう受け容れることで谷ヶ城さんは、日々感謝の気持ちを持って過ごせるようになった。そして今は、人生学講座の認定講師として、私たちと一緒に人生学を広めてくれています。

どうにもならないことを受け容れること。これを仏教では「あきらめる」と言います。「諦める」ではなく「明らめる」です。断念するという意味ではなく、物事を明らかにするということ。自然の摂理に従うこと。私たちに訪れた、一見理不尽なその苦しみの意味を明らかにし、そしてそれをありのままに受け容れるということ。**「あきらめる」は決してネガティブな意味ではなく、むしろ私たちを勇気づけてくれるポジティブな教え**なのです。

古典を学ぶことで、私たちは「諦める」のではなく「明らめる」ことができるようになる。運命を受け容れることができるようになる、と私は思います。

他者からの評価に動じなくなる

課題の分離ができていないから苦しい

インターネットが私たちの生活に深く根づくようになり、今では誰もが気軽に意見を発信できるようになりました。その結果、ネット上では実にさまざまな意見が飛び交っています。何らかの形で人前に出る仕事をしていると、そういった意見にダイレクトにさらされる機会が非常に多くなります。

たとえば私たち作家の例で言えば、本を出すとAmazonにレビューとして批評が載ります。その中には、著作への批判のみならず、単なる悪口や著者に対する人格否定のようなレビューも見受けられます。もちろん、私に対しても例外ではありません。

かつての私は、これらの人格攻撃のようなレビューを許すことができませんでした。

正当な批評ならばいくらでも甘んじて受けるつもりです。しかし、著作の中身と関係のないような人格攻撃を、しかも、匿名で続ける人たちがどうしても許せなかったのです。そこで、私は、このレビューをなんとかして削除したい。このような誹謗中傷を書いた人間をどうにか罰したいと考えて、弁護士の先生やAmazonの担当者さんに相談しました。しかし法律に抵触する内容でなければ、その意見をどうにもすることができない、ことがわかりました。相手を罰するどころか、何もすることができない、というのです。私はそれを知り、意気消沈してしまいました。世の中はなんて理不尽なんだ。私は被害者だ。そして、目の間に加害者がいるのに、何の手出しもできないなんて……。私は、もう何も手につかず、次の作品に着手する勇気が湧いてこなくなってしまったのです……。

私自身のお恥ずかしい体験ではありますが「毀誉褒貶《きよほうへん》に動じる」とは、まさにこのことです。毀誉褒貶の「毀」「貶」は、人を悪く言うこと、けなすこと。「誉」「褒」は、ほめること。毀誉褒貶に動じるとは、けなされたり、ほめられたりすることに心動かされるという意味です。

多くの人は、このときの私のように毀誉褒貶に動じてしまいます。悪口を言われたりひどいことを書かれたりすると、傷ついて必要以上に落ち込んだり、何とか相手の誤解を解き、考え方を変えようと悪あがきをしたり。それがかなわないと相手に復讐をしようと相手の悪口をこちらから仕掛けたり……。そんなことにエネルギーの大半を吸い取られてしまうのです。しかしそれでは、私たちは苦しみから永遠に逃れることはできません。

では、どうすれば楽になれるのでしょうか？

気にしない。これしかないのです。

アドラー心理学では「課題の分離」という考え方を大切にしています。私のことを相手が好きになるか嫌いになるかは、私の課題ではなく相手の課題である。それをコントロールすることはできない。自分の課題ではなく相手の課題を背負うから、不可能なことをコントロールしようとするから苦しい。だからこそ、相手の課題は私の課題ではないのだから気にしない。コントロールしようとしない。これが課題の分離です。

課題の分離は、「毀」「貶」つまり、悪く言われることだけに対して必要なのではありません。「誉」「褒」すなわち、良く言われること、ほめられることに対しても同じく必要です。ほめられて、嬉しい。認められるから、頑張る。これは、間違いなく他人軸です。つまり、他人の評価に支配されている、という状況です。課題の分離ができている状況とは、すなわち、相手からほめられようが、ほめられまいが、そこに左右されない。自分にOKを出すのは自分。自分を認めるのも、認めないのも、すべて自分で決める、という態度が確立された状態を言います。

ですから、人からけなされても、自分でOKだと思えば、自分にOKを出す。逆に人からほめられようが、自分で自分にOKを出せない、と思えばOKを出さない。すべては自分で決める。**他人軸ではなく、自分軸で生きていく**。これが課題の分離ができている状況と言えるのではないでしょうか。

この状態こそが、まさに、先に掲げたラインホルド・ニーバーの祈りそのものです。すなわち、「変えられることを変える勇気と変えられないことを受け入れる忍耐力と両者の違いを理解する知恵を持っている」状態。

それは、アドラー心理学の著作など、古典を読み、体に落とし込むうちに、自然に身についてくるのだと私は思います。

天命が見つかれば毀誉褒貶に動じなくなる

いくら理屈ではわかったとしても、私たちは毀誉褒貶に動じてしまいます。それはなぜでしょうか？　なぜ、私たちは人に悪く言われたり、批判されるとつらく思うのか。また、人にほめられると気持ちよく思うのか。

それは、他人に依存し、他人軸で自分を判断しているからです。相手からバカにされたり嫌われたら、自分はダメだと思う。反対に相手がほめてくれたら、自分はOKだと思う。自分の人生を相手に支配させている。私たちは自分の生殺与奪権を相手に渡してしまっているのです。これでは自分の人生を永遠に自分でコントロールすることはできません。ですから、苦しい。いつまでも苦しみから抜け出せないのです。

ではどうすればいいのか？

他人軸を捨てて自分軸を持てばいいのです。相手からの承認を捨てて、自分で自分を承認する。つまり、ダメな自分を好きになることです。

私も以前は毀誉褒貶に非常に翻弄されていました。Amazonでボロクソに書かれたり、トークセッションなどで激しく否定されたりすると、何も手につかないくらい激しく落ち込んだり、もしくは怒りを感じてイライラしたりしていました。しかし、今は少し心がざわつくくらい。ご飯もおいしく食べることができますし、夜もぐっすり眠れます。

佐藤一斎は、著書の『言志四録』（PHP研究所）で次のように言っています。

「患難変故《かんなんへんこ》、屈辱讒謗《くつじょくざんぼう》、払逆《ふつぎゃく》の事は、皆《みな》天の吾才《わがさい》を老《ろう》せしむる所以《ゆえん》にして砥礪切磋《しれいせっさ》の地に非《あら》ざるは莫《な》し。君子《くんし》は当《まさ》に之に処《しょ》する所以《ゆえん》を慮《おもんぱか》るべし。徒《いたずら》に之を逃れんと欲するは不可なり」

難関辛苦、誹謗中傷といったことは、天が己を成長させるために試している。そのために起きている。これから逃れようとするのはムダなことである、という意味です。

また、森信三氏は『修身教授録』にこのように書かれています。

「自己《じこ》に対して必然的に与えられた事柄については、ひとり好悪《こうお》の感情をもって対しないのみか、さらに一歩をすすめて、これを『天命』として謹《つつし》んでお受けをするということが大切だと思うのです」

神様の宿題から逃れようとしないこと。起きたことはすべて良かったと思うこと。毀誉褒貶に動じないとは、運命を受け容れることにもつながるのです。

古典を読み続けていると、このようなヒントをたくさんもらうことができ、毀誉褒貶、すなわち他人からの評価に一喜一憂せずにすむようになっていくと私は思います。

天命を見つけられる

天からの封書を開けるには、目の前の鉛を掘ること

孔子は「五十にして天命を知る」と言いました。

天命とは、俗にいう「志《こころざし》」のことです。森信三氏は志について、次のようにおっしゃっています。

「物事の持続が困難だというのは、結局は真の目標をはっきりとつかんでいないからであります。真に志を立てるということは（中略）それを実現する上に生ずる一切の困難に打ち克つ覚悟がなくてはならぬ」

つまり、物事が続かない、頑張れないのは、真の目標、つまり志をつかんでいないからだとおっしゃっているのです。逆に言えば、志があれば、持続して頑張れる。そういう意味でもあります。

しかし多くの人は、自分の志、天命は何かなどと考えることもない。また、どうにか天命を見つけたいと思ったとしても、なかなか見つけることはできない。

なぜなのでしょうか？

それは、天からの封書を開けようとしないからです。

森信三氏は「人はこの世に生れ落ちた瞬間、全員が天から封書をもらって生まれてくる。その封書を開いたら、あなたはこういう生き方をしなさい、と書いてある。しかし、せっかく天からもらった封書を一回も開かないで死んでいく人が多い」とおっしゃっています。

なぜ私たちは封書を開くことができないのか？　どうすれば封書を開けることができるのか？

これに対して森信三氏は、「鉛を掘りなさい」と、次のように説明されています。

仮に目の前に崖があったとします。その崖には安い鉛が埋まっている。あなたは鉛のような安いものを掘るのはバカらしい。高級な金や銀がほしいと探し回る。しかし、鉛を必要としている人は必ずいる。そして必死で鉛を掘っていると、不思議なことにいつの間にか金や銀が一緒になって掘り出されるのです。

私が天命を見つけることができたのも、まさに鉛を掘り続けたからだと言えます。私は社会人になってから今までずっと、目の前の仕事を一生懸命やり続けてきました。その結果、いつかやりたいと思っていた物書きの仕事をするようになりました。そしてメルマガやコラム、本を書いているうちに、自分の天命に気づいたのです。私の天命は、「自分の可能性をあきらめかけた人へ、自分の体験を語ることで勇気を与える」ことだ、と。

現阪急阪神東宝グループ創始者の小林一三さんは、次のようにおっしゃっています。

「下足番を命じられたら、日本一の下足番になってみろ。そうしたら誰も君を下足番にしておかぬ」

これを現代風に言うならば。

「コピー取りを命じられたら、日本一のコピーを取ってみろ。そうしたら誰も君にコピーなんて頼まなくなる」

多くの人はコピーを頼まれると、「こんな仕事やってられない」「なんで俺が雑用しなきゃならないんだ」と文句を言い、適当にコピーを取ります。目の前の鉛を掘ろうとせずに、もっといい仕事はないかと金や銀ばかりを探そうとするのです。当然ですが目の前の仕事に手を抜く人に、誰もチャンスなど与えるはずはありません。ですから、その人はずっとコピー取りのまま。永遠にその仕事から抜け出せないのです。

一方で、目の前の仕事を受け容れて、素直に即実行で１２０％やっていると。この人にコピー取りばかりさせていてはもったいない。もっと大事な仕事を任そうと、次なるチャンスをもらえるのです。その次の仕事も受け容れて素直に即実行する。この仕事をいただけて有り難いと感謝の気持ちでやる。すると、いつしか必ず天命が見つかるのです。

人生は実にうまくできている。私はそう思います。アドラーは言っています。「人生が困難なのではない、あなたが人生を困難にしているのだ。人生はきわめてシンプルである」と。

運命を受け容れると天命が見つかる

森信三氏は「いまやっている仕事の近くに天命がある」ともおっしゃっています。たしかに30代後半、40代の時点でやっている仕事というのは、それが好きにしろ嫌いにしろ、何がしか自分に向いている仕事であると言えます。向いているからその仕事をやれている。向いていなければとっくにその仕事を辞めているはずです。天命を見つけたいと思うならば、まずは今の仕事を受け容れてみる。たとえ好きではなかったとしても、運命を受け容れることで何らかが見えてくるはずです。

また、天台宗の開祖である最澄は次のような言葉を残しています。

「一隅を照らす、これすなわち国の宝なり」

人はどんなに頑張ったとしても、たった一つの小さな隅を照らすことしかできない。

小さなことしかできない。しかし、それこそが国の宝なのである。そう言っています。

今の仕事はつまらない。俺はなんでこんなちっぽけな仕事をしているんだと嘆くのではなく。つまらないと思う仕事を一生懸命やる。運命を受け容れて、一心に小さな隅を照らしてみる。実は、苦しいこと、つらいこと、できないことの中に、天命が潜んでいる場合もあるのです。

たとえば私は今までたくさんの失敗をしてきたからこそ、自分の天命を見つけることができました。また、リーダーシップに失敗し二度もうつ病になった結果、リーダーシップの専門家として本を書いたり講演をしたりするようにもなりました。

私がサハラ砂漠マラソンを走るきっかけとなった著者仲間の石田淳さんは、行動マネジメントにおける日本の第一人者として活躍されています。実は石田さんは、もともとはマネジメントが苦手だったと言います。同じく著者仲間の松原良紀さんは、以前は人見知りで話すのが苦手だったとのこと。しかし今ではコミュニケーションの専門家として活躍されています。同様に、次々とベストセラーを連発している青木ゆかさんは英語コンプレックスがあり、それを克服したことで、今では英会話の専門家になっています。

このように、意外なことではありますが**「自分が苦手なこと」「嫌いなこと」が天命である**こともあるのです。「苦手」を乗り越えたからこそ、普通の人以上に深い体験をすることができる。そして、できない人の気持ちがわかる。それが天命へとつながっていくこともあるのです。目の前の鉛を掘る。一隅を照らす。そうして、現実を受け容れ、否定せずに一生懸命やっていると、思いもかけない天命に出会うことがある。私の場合も、まさにそのとおりの出会いでした。

人間力のあるなしが天命との出会いを左右する

天からの封書を開けることや、天命の話については、森信三氏の著書『人生二度なし』（致知出版社）で勉強することができます。本書は森信三氏の三部作の一つと言われるもの。『修身教授録』と同様、こちらも人間塾の課題図書であり、非常におすすめです。

森信三氏以外に、古典を読んでいる人間が志や天命で思い浮かべるのは、まず間違いなく吉田松陰だと思います。吉田松陰は明治維新の立役者の一人です。彼の常軌を逸したエネルギーに多くの人が感化されて明治維新が起きたとも言えます。吉田松陰が己の命を投げ出してまで動かされた原動力とは何か。それこそが志、使命感です。処刑される前に吉田松陰が獄中で記した遺書『留魂録』からは、志とは何か、使命とは何かについて学ぶことができます。非常に心を揺さぶられる歴史的名作です。

第1章で、カンボジアで小学校を建てている橋本博司さんの話をしました。彼は吉田松陰を大学生のときから愛読していたと言います。若い頃から古典に学んでいたため、橋本さんは天命に気づくのが人よりずっと早かったのではないか。私はそんな気がしています。彼の天命は、「自分の可能性に挑戦できる機会を(子どもたちに)与えること」。これは彼が立ち上げたNPO法人HEROのミッションです。〝自身が立ち上げた法人のミッション=彼の天命〟だと言えます。

橋本さんがこの天命を見つけたのは大学生のときです。バック・パッカーでカンボジアを訪れた彼が見たのは、学校に通っていない子どもたちの姿でした。体も髪もドロドロで、洋服すら満足に着ていない。聞けば、内戦により両親を理由もなく虐殺され、学校も壊されたと言います。そんな子どもたちが、将来は先生になりたい。パイロットになりたいと夢を語る。子どもたちが夢を語るのを聞いて、橋本さんは愕然としたと言います。可能性がゼロだとわかっているからです。

この子たちは勉強をしたくても学校に行くことができない。そもそもカンボジアには学校がない。この子たちが夢を叶えられる可能性はゼロだと。一方で、日本には学校がある。大変なこともつらいこともあるかもしれないが、どんな子でも少なくとも可能性はある。ゼロではない。世の中はなんでこんなに不公平なのか……。

そう思った橋本さんは、この子たちには学校が必要だ。学校をつくろうと、すぐに活動を始めました。彼はこうして、10代で、すでに天からの封書を開けたのです。

カンボジアの子どもたちの惨状を見たら、彼と同じように、子どもたちに何かできないかと考える人はたくさんいるはずです。しかし、実際に行動に移す人はほとんどいない。そんな中、橋本さんは大学生のときに「これが天命だ」と即実行に移した。同じ体験をしても人によって感じ方、判断、行動は変わってくる。人間力があるかどうかで、変わってくるのです。

もうすぐ橋本さんは40歳。大学生のときに天命を見つけてからずっとカンボジアで学校をつくり続けています。人としてなんと大きいのだろう……。橋本さんには深く頭が下がる思いです。

「古典」を読むことは、赤子に戻る旅。自分に戻る旅。

小倉さん、変わったね。

人間塾でともに学ぶ仲間に恵まれ、そして古典に学ぶうち、気づけば私自身も大きく変わってきたようです。その証拠に、数年ぶりに会う人、会う人から次々と「小倉さん、変わったね」とお声掛けいただくのです。興味があるので、私は「どのように変わったのかなあ」と質問します。すると、おおむね次のような言葉が返ってくるのです。

「人あたりが柔らかくなった。丸くなった」　堅い、四角い　↓　柔い、丸い
「優しくなった」　厳しい　↓　優しい

「肩の力が抜けて自然体になった」　力み、無理　↓　脱力、自然体
「どっしりと揺らがない感じ」　浮つき　↓　揺らぎなし
「風格が出てきた」　軽い　↓　風格
「静かなオーラ、存在感がある」　主張的存在感　↓　非主張的存在感

この変化が、もしも本物であるならば、私は嬉しく思います。なぜならば、現在の私として描写される言葉は、私がありたい姿そのものだからです。

もちろん、現在の私が１００点満点であるはずもありません。おそらくは以前の点数がひどかった。だから10点が30点になっただけかもしれません。しかし、それでいい。それで十分です。私が大切にしているのは、現在の到達点ではありません。そうではなく矢印の向きが間違っていないかどうか。それだけが大切です。

もしも、現在まだ40点だとしても、向きさえ間違っていなければ、これからもどんどん良くなる一方です。逆に現在80点でも向きが逆ならば、点はどんどん減っていく。向きこそが大切なのです。

古典を読み、仲間と学び合うことで、私は少しずつではあるものの、ありたい自分に近づいていると実感しています。それは、とても幸福なことだと思います。

恐ろしいのは崖ではなく暗闇

古典を読む前の私は、いつも視界の悪いモヤの中、もしくは明かりがなく、足下もおぼつかない暗闇の中を歩いていたように思います。

私たちは、日々を普通に過ごしているだけで、次々と課題にぶつかります。仕事が思うとおりに進まない。家族が自分のことをわかってくれない。職場の同僚がチームプレイをしてくれない。上司が無理難題ばかり押しつけてくる。子どもが勉強せず遊んでばかりいる。そんな課題が次から次へと押し寄せてくる。そんな日常です。

古典を読む前の私は、それらの課題に対して、指針なく、展望もなく闇雲にぶつかっていくだけの毎日でした。そして、課題にぶつかりながらも「これでいいのだろうか?」「ほかにもっといい方法があるのではなかろうか?」「自分は間違った道を歩いているのではないか?」と不安や迷いをいつも感じていました。

今ならばわかります。あのとき、私が苦しかったのは「課題」そのものではなく「これでいいのだろうか? 自分は間違っているのではないか?」という迷いと不安だったのです。

たとえば、私たちは真っ暗闇の中を歩くときに恐怖を感じます。もしかしたら、目の前に崖があり、転げ落ちてしまうかもしれない。見えないものへの恐怖がどんどんと膨らんでいくのです。

しかし、怖いのは崖ではありません。暗闇です。それが証拠に、太陽がさんさんと輝く昼間であれば、崖は怖くありません。崖に近づかずに歩けばいいからです。先ほどの例で言うならば、崖が課題です。そして暗闇が迷いや不安です。恐怖の正体は課題そのものではない。自分は正しい方向に進んでいる、という確信が持てないこと。すなわち暗闇にあるのです。

先ほど、私が古典を読み始めてからの変化についてお話をしました。その変化とは課題がなくなった、ということではありません。課題は引き続き日々押し寄せてきています。しかし、以前は暗闇の中で迷いながら指針もなく、展望もなく闇雲に取り組んでいましたが、今は**古典の教えという明かりがある**のです。だから、危険な崖や、行ってはいけない迷い道がよく見える。そして、進むべき道も照らし出されている。だから、怖くないのです。再三、引用させていただいている佐藤一斎の有名な句をここでも引用してみましょう。

「一燈《とう》を提《さ》げて暗夜《あんや》を行《ゆ》く。暗夜を憂《うれ》うること勿《なか》れ。只《た》だ一燈を頼《たの》め」(言志四録)

この一燈こそが、進むべき正しい道であり、それは古典を読むことで自然と身についてくるのです。

修行僧を辞めました

先日、人間塾の課題図書ではじめて詩集をセレクトし、仲間たちとともに学びました。坂村真民の『坂村真民一日一言』（致知出版社）です。この本は365日それぞれに一つずつ坂村真民の詩が選ばれています。つまり365の詩が詰まっているのです。

人間塾では、本を読んできた塾生が集まりディスカッションをして理解を深めます。この回に出た課題は「あなたに最も響いた詩は何ですか？その詩を読んで気づいたことは何ですか？」というものでした。私は心を無にして365の詩を読み直しました。そして素直に一句選びました。次の句です。

「声」

生きていることは
すばらしいぞ
そういっている
石がある
木がある

川辺に立つと
水も
そういって
流れていく

本は読む人の心を表す。どの本を読むか？　本のどこに胸を打たれるか？　本は読む人を試します。何をどれくらい本からくみ取り学ぶか、気づくか？　を私たちは読む度に試されます。

今の私は先にあげた「声」という生命賛歌の、みずみずしさを受け取ることができるようになりました。つい1年前の私であるならば、この人生賛歌を素直に受け取ることができなかったでしょう。まさに、この一編を選んだということは、私の内面の変化を表しているのです。

これまで、〝苦しむ〟ことが私のアイデンティティーでした。私は、不得手であったマネジメント業、管理職業をなぜか自ら進んで20年間もやり、ことごとく失敗し、人を傷つけ、自分も傷つきました。二度のうつ病になり、なんとか立ち上がってきた。それも私が自ら無自覚に選んできた人生です。

そして、その経験を本に書き、講演で話し続けました。お陰様で、その赤裸々に失敗を語る私の姿が、そのまま私のアイデンティティーとなりました。小倉広と言えば「失敗」。「失敗」と言えば小倉広。そんな風にアイデンティティーになっていったのです。

しかし、私はそのアイデンティティーに縛られてきました。つまり、私は〝苦しまなければ〟私ではなくなってしまったのです。私の本やメルマガを読んだ読者は私を「修行僧」と呼びました。そして、その苦しみを抜け出すために始めたこの「人間塾・塾長」という肩書きがさらに私を縛っていきました。

「人間力を高める」塾の塾長です。さぞや立派な人間に違いない。そう思われることに縛られて、立派な人間を演じるようになっていきました。もしくは、立派になりきれずに苦悩する苦行僧であろうとしました。そして、それがさらに私を苦しめていきました。

なぜならば、私は、もう「苦しく」なかったからです。

さんざん苦しみ、考え、悩み、もがいているうちに、古典を通じて、私はいくつかの真理の道筋に気がつきました。たとえ到達はできていなくても、少なくても間違った方向に進まなくはなった。「こっちに行けば間違いない」そんな出口の光がほんのりと常に見えるようになったのです。

もちろん、間違った道に行くことだってあります。しかし、以前よりも早く気づくようになりました。この道は違う。こっちに行けばいい。方向感だけは間違わなくなったのです。

恐れ、不安、苦しみ。それは出口が見えないときに味わう感情です。たとえ出口に到達していなくても。**行く先にほんのりであっても希望の光さえ見えれば、人は心に安らぎが訪れる**。私はそう思っています。これまでさんざん苦しみ、悩み、試行錯誤してきた私は、相変わらず、出口にたどり着くことはまだできていません。それでも、希望の光だけは見つけるのが上手になってきました。

そんなこんなで、私はあまり苦しみを感じなくなってきました。そして、焦った。苦しみを感じない自分自身に罪の意識を感じました。私が幸せであってはいけない。修行もせずに人生を謳歌してはいけない。知らず知らずのうちにそう思っていたのです。しかし、私の魂が「それは嘘だ」と叫び始めました。だから、私は〝苦しむ〟のをやめることにしました。もう、苦しまなくてもいいんだよ、と自分に語りかけたのです。

幸せになってもいい。楽しんでもいい。遊んだっていい。

小倉広が小倉広としてそのままでいること。それが本を読んでくれる読者や講演を聴いてくれる誰かを楽にし、幸せな気持ちにさせる。それでいいじゃないか。そう思えるようになったのです。

だから、私は、坂村真民の詩集から苦しみの歌を選ばなかった。心に響かなかったからです。努力や精進の歌も選ばなかった。心に響かなかったからです。そして、幸せを歌う人生賛歌を選びました。目に、心にドスン！と飛び込んできたからです。

苦しむこと。修行僧であることが私のアイデンティティーなのではなく、私が私らしくあること。私が人生を謳歌し、幸せであり、人生を楽しんでいること。これが私の新しいアイデンティティーです。

もちろん、これからだって、たくさん道を誤るし、つらいことにも出会うでしょう。しかし、それも含めてきっと私はそれを楽しむだろう。なぜならば、私には常に進むべき方向性と希望の光が見えるからだ。**古典という光が照らしてくれる道が見える。**

だから、何があっても、どんなことがあっても、私は幸せなのです。

古典と出会えて私はとても幸せです。そして、これからもずっと、遅い歩みではあるものの、学び続けていきたいと思います。本書を読まれた皆さんが、私と一緒に古典を学ぶ道を歩む仲間になってくださったとしたら、これに勝る喜びはありません。

何百年、何千年の風雪に耐えた古典にともに学び続けて参りましょう。

エピローグ

まさか私が「古典の読み方」の本を書くことになるとは。
10年前の私には想像もつきませんでした。人間塾を立ち上げて、古典を学び始めてお陰様で私は幸せです。塾を主宰したこと。古典を学び始めたことの双方を心から良い選択だった、と思えるのです。

アドラー心理学では、人が幸せに生きる条件として共同体感覚をあげています。共同体感覚とは「自分は誰かの役に立っている」という「貢献感」と、「他者は私を助けてくれる」と思える「他者信頼」と、それに基づく「自分には居場所がある」という「所属感」により構成されています。

私は人間塾という仲間とともに学ぶ場を得たことで、その三つを日々感じることができるようになりました。そして、塾を通じて学ぶ古典の数々から、その三つを強化すべく日々励ましをもらっています。

小さな善行、陰徳を積みなさい。

誰かの役に立つことをいつも考えなさい。
周囲の人をまずはあなたから愛しなさい。
たとえ騙されることがあったとしても信じなさい。
あなたは既に愛されている。満たされている。
周囲の人は敵ではなく味方なのです。

その励ましと教えにより、日々、道を間違えそうになる度に正しい道を照らしてもらえるのです。

尚友、という言葉があります。古典などの書物の中の人物を友とする、という意味です。本書に出てくる古典を著してくれた先人たちは師であるとともに、あなたの友となってくれるでしょう。

古典を読むと、2重、3重に共同体感覚が高まる。幸せに近づくことができるのです。

本書の最後に書いたとおり、私は長い間、自分が幸せになってはならない、と無意識に思っていたことに気づきました。日々、苦しみ、反省する苦行僧でなくてはならないと自己定義してしまっていたのです。

苦しみから抜け出したくて読み始めたはずの古典は、そんな私の苦しみを取り除いてくれただけではありませんでした。私に喜びと希望と幸せまでをも、もたらしてくれたのです。

本書を手にとってくださったあなたは、きっとこのすぐ後で、古典も手にしてくれることでしょう。そこであなたに訪れる変化が、私には楽しみでなりません。あなたの人生のガイドとなるに違いない古典の、本書がガイド、すなわちガイドのガイドとなれたとしたなら、私も嬉しく思います。

本書が古典への良き道しるべとなることを心から祈念してペンを置きたいと思います。お読みいただきありがとうございました。

一般社団法人人間塾 代表理事 塾長 小倉広

ブックリスト
～おさえておくべき古典一覧

※著者名のあいうえお順に掲載

個人心理学講義　生きることの科学 ―アドラー・セレクション

著者名　アルフレッド・アドラー／岸見　一郎（訳）
発行所　アルテ

アドラーの講話録。第2次世界大戦の開戦とともにナチズムの台頭によるユダヤ人迫害を恐れたアドラーは活動の拠点を次第にアメリカに移しました。本書はアドラーがアメリカでの定期講演を始めて3年後の1929年に出版された、英語のみによるはじめての著作です。アドラー心理学の主要なテーマを広く網羅し、かつ、比較的文章が平易であるため、入門書として読みやすい部類に入ります（といっても難しいですが）。アドラー初心者には、事前に拙著『人生に革命が起きる100の言葉』や岸見一郎他著『嫌われる勇気』の併読をおすすめします。

性格の心理学―アドラー・セレクション

著者名　アルフレッド・アドラー／岸見　一郎（訳）
発行所　アルテ

米国で最も売れたアドラーの書『人間知の心理学』の第2部「性格論」を別冊でまとめたもの。ウィーンで行われた講演をもとにしています。本書は「攻撃的な性格特徴」を虚栄心、嫉妬、羨望、貪欲、憎悪からなるとし「非攻撃的な性格特徴」を控え目さ、不安、臆病、適応不足などからなると表現しています。そして、怒り、悲しみ、不安などは「他者を分離させる」情動であり、喜び、同情、羞恥心などを「他者と結びつける情動」であると定義しています。前出の著『人間知の心理学』で触れられている「共同体感覚」と併せてお読みいただきたいと思います。

子どものライフスタイル
―アドラー・セレクション

著者名　アルフレッド・アドラー／岸見　一郎（訳）
発行所　アルテ

フロイト、ユングと並ぶ心理学の巨人アドラーによるカウンセリング症例集。ニューヨークの新社会学校で行われた公開カウンセリングの速記録として1930年に出版されました。問題を抱えた子どもたちの行動や生育環境などとともに、アドラーによる切れ味鋭い助言が書かれています。アドラーの著作は、格調高く哲学的である反面、どうしても抽象的になってしまいがちです。アドラー心理学入門書などを骨組みとして読んだ後に、具体的なカウンセリング症例集である本書を、肉づけとして読むことをおすすめします。

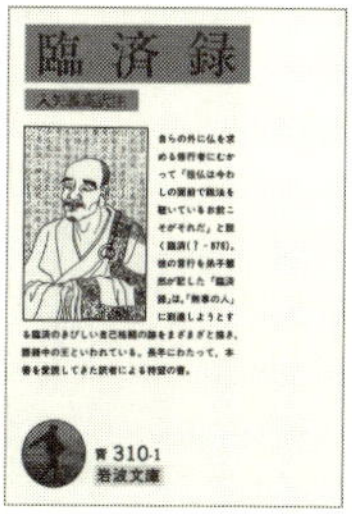

臨済録

著者名　入矢　義高（訳注）
発行所　岩波書店（岩波文庫）

「仏法の大意とは何か？」と問われ、師は払子をピッと立てた。そこで質問した僧は「喝！」と一喝した。するとすかさず臨済和尚は払子で僧侶を打ち据えた……。このような禅問答が繰り返されます。禅に関する知識がなければ、おそらくほとんど意味がわからないでしょう。もしも知識なくその教えに気づけたとすれば、それは悟りの世界にいる人なのかもしれません。塾長の私を筆頭に塾生一同が悪戦苦闘しながら学んだ古典的名著。本書のサブテキストとして『禅の神髄　臨済録』（里道徳雄　日本放送出版協会、現NHK出版）などの解説書を併読することをおすすめします。

日本一幸せな従業員をつくる!

監督　岩崎　靖子
制作　E・Eプロジェクト
配給　NPO法人ハートオブミラクル

「奇跡体験！アンビリバボー」（フジテレビ）、「TED」など多数のメディアで取り上げられた、ホテルアソシア名古屋ターミナル総支配人柴田秋雄によるホテル再生の感動物語。4期連続赤字、負債8億円を抱えたホテルをV字回復させたのは、財務や戦略論ではなく極めて人間臭い「愛」の経営だった……。涙なくしては見られません。本書は古典ではありませんが、人間塾塾生がこぞって「学びたい」と声をあげた名作であるため特例として選出しました。

代表的日本人

著者名　内村　鑑三／鈴木　範久（訳）
発行所　岩波書店（岩波文庫）

1894年日清戦争開戦の年に内村鑑三により執筆が開始され、1908年の日露戦争後に刊行された英文著作の翻訳です。小国日本が大国との戦争に相次いで勝利し、一躍世界から注目を集めたことにより、内村鑑三が日本の素晴らしさを世界に訴えるために筆を取ったと言われています。西郷隆盛、上杉鷹山、二宮尊徳、中江藤樹、日蓮の5人が、さまざまなエピソードとともに紹介されています。大変平易な文章で読みやすく、ページ数も208ページと少なく、古典に関心を持つための入門書として大変優れています。古典を手に取る1冊目としておすすめです。

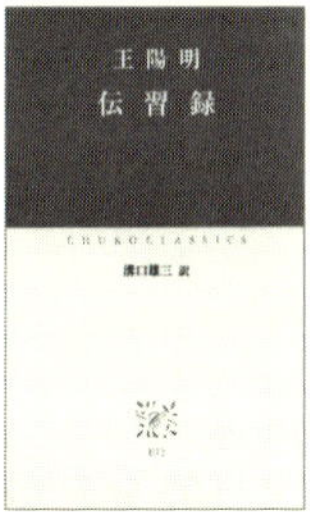

伝習録

著者名　王　陽明／溝口　雄三（訳）
発行所　中央公論新社（中央クラシックス）

明の時代に従来の朱子学を「官僚のための儒教」「読書中心の学問」と批判しておきた陽明学の提唱者、王陽明の代表的著作。「民衆のための儒教」「日常生活の中で行う鍛錬」を唱え、有名な「致良知」（自己の道徳本性をやみがたく発揮する）「知行合一」（知識と行動は一つでありいずれかが先や後ではない）を唱えました。西郷隆盛、吉田松陰、中江藤樹など陽明学に心酔した偉人は多く、日本人の精神性と親和性があると言われています。しかし、人間塾課題図書の中でも難易度は相当高く、『大学』、『論語』などの後に読んだ方がいいかもしれません。

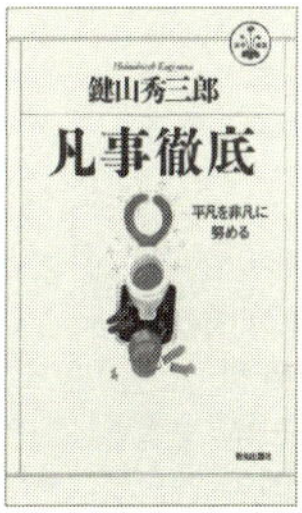

活字叢書12　凡事徹底

著者名　鍵山　秀三郎
発行所　致知出版社

「10年、偉大なり。　20年、恐るべし。　30年、歴史になる。50年、神の如し」などの名言で有名なカー用品販売会社イエローハットの創業者鍵山秀三郎氏の代表作。掃除一筋50年のまさに「神」が書いた珠玉の名言、エピソードが山のように書かれています。「心を取り出して磨くことができないので目の前にあるものを磨くのです」「幸せになる人というのは、よく気づく人である。掃除をしていると細かな汚れ等によく気がつく。だから掃除をすると人生においても様々なことによく気がつく」「大きな努力で小さな成果を」。平易な言葉に深い哲学が宿っています。

ブックリスト
～おさえておくべき古典一覧

論語

著者名　金谷　治（訳注）
発行所　岩波書店（岩波文庫）

言わずと知れた古典の中の古典。「四書」として知られる、『孟子』、『大学』、『中庸』の筆頭として抜群の知名度とファンを持つ。孔子没後紀元前二世紀の漢の時代に門人たちが編纂したと言われていますが、その真偽は不明です。『論語』には数え切れないほどの解説、訳が存在し、訳者によって大きく解釈が異なる句もあるため、現代語訳者の選択は非常に重要となります。岩波文庫版の金谷治氏の訳および解説は「簡便的確」を旨とし、冗長な意訳や原文のニュアンスを壊すことのないシンプルな訳が特徴であり、初めて『論語』を読む人にとって適切ではないか、と考えます。

孟子

著者名　金谷　治
発行所　岩波書店（岩波新書）

いわゆる「解説本」であり『孟子』のオリジナルにはわずかに触れられているだけです。得てして「理想論すぎる」と批判されがちな『孟子』について、時代背景の解説や、孔子、告子、荀子、荘子、韓非子との比較など、儒教を俯瞰して見ることが出来る良書です。本書を先に読んでから『孟子』のオリジナルを読むか、逆か。いずれにせよ、併読されることをおすすめします。吉田松陰が獄中で看守と囚人を相手に『孟子』を語った『講孟箚記』もおすすめです。

大学・中庸

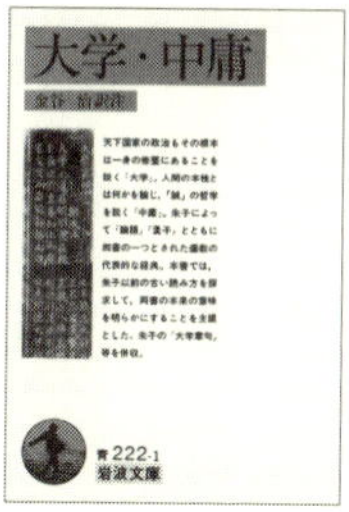

著者名　金谷　治（訳注）
発行所　岩波書店（岩波文庫）

『大学』と『中庸』は『論語』と『孟子』と合わせて「四書」とされ、儒教の代表的経典として広く読まれてきました。『大学』は孔子の門人曾子の作、そして曾子の門人子思に学んだのが孟子である、と言われ、儒教の正統的な著作として読み継がれてきました。特に『大学』は「初学入徳の門」として最初に読むべきとされ『中庸』は最も深遠なる書として「四書」の最後に学ぶべき、と言われています。しかし、作者の正誤や「四書」の正当性については諸説があり、いまだ解明はされていません。それでも、著名な『論語』『孟子』とともに学ぶべき価値は十分にあります。ページ数も少なく手に取りやすい著作です。

老子

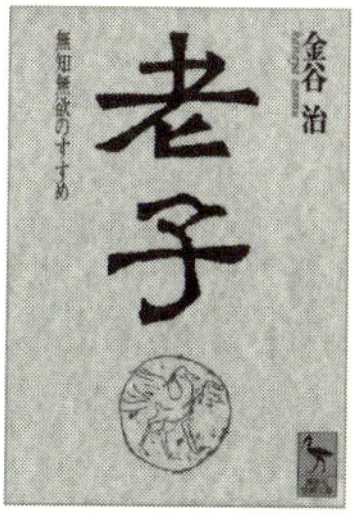

著者名　金谷　治
発行所　講談社（講談社学術文庫）

『老子』は『論語』と並ぶ中国の代表的古典です。「足るを知るの足るは、常に足る」「上善は水の如し」に代表されるように、「修己治人」の『論語』と対局にあると言われています。まじめでそつがなく決まり事を守り、身だしなみも整えている『論語』『孟子』を学ぶ「儒家」に対して、『老子』『荘子』を学ぶ「道家」は服装やきまりに対して無頓着でずぼらであるが、大らかな心を持ち、しかし大事なところだけは外さない。そんな姿が目に浮かびます。「儒教」と「道教」対比しながら読んでほしいです。私は「朝孔子、夜老子」と言う考えを提唱し、対局にある両者を両立する生き方が理想と考えています。

ブックリスト
～おさえておくべき古典一覧

道は開ける［新装版］

著者名　D·カーネギー／香山　晶（訳）
発行所　創元社

言わずと知れた自己啓発の世界的大ベストセラーです。人間塾で初めて取り上げた"現代のビジネス書"です。アドラーや孔子などの言葉を引用し、現代的で非常にわかりやすいエピソードと古今東西の名言が数多く編纂されている「悩みの克服法」の書籍です。カーネギー自身が"悩みの人"であったため、心理学、精神医学、哲学、宗教、伝記とあらゆる本を読破し、本書にそのエッセンスをまとめたそうです。学術的なバックグラウンドがしっかりとしていながら、学術書的難しさの片鱗も感じさせないところこそ、まさに世界的大ベストセラーたる所以でしょう。

人を動かす［新装版］

著者名　D·カーネギー／山口　博（訳）
発行所　創元社

1936年初版。原題は「How to Win Friends and Influence People 」（友をつくり人に影響を与える方法）。『人を動かす』という表題は、あたかも上から目線で強制的に人を動かすような誤った印象を与えがちですが、原題を読むと著者の意図がよく伝わってきます。カーネギーの代表作として世界中で翻訳され、これまでに1500万部以上販売されているという驚異的な名著です。本書は当初、講演会の教材としてのカードでしたが、それが薄いパンフレットになり、少しずつ厚くなり、本書になったと言われています。わかりやすいエピソードが満載です。

＜心理療法＞コレクションⅠ
ユング心理学入門

著者名 河合　隼雄／河合　俊雄（編）
発行所 岩波書店（岩波現代文庫）

日本で初めて本格的にユング心理学を紹介した書。私がユング心理学を課題図書に選出した理由は二つあります。一つは、私が学んできたアドラーだけでなく広く心理学全般を学びたいと思ったこと。もう一つは私が著者の河合隼雄氏に惹かれているからです。河合氏の語り口調は優しく、人間愛に満ちています。私が目指す「こんな人間になりたい」人間像に一番近いのが河合氏かもしれません。ユング理論だけでなく、河合氏自身の体験談もたっぷり語られ、ユングと河合隼雄で「二度おいしい」のが本書だと思います。ユングの入門書としても最適。初版は1967年に培風館より刊行されています。

坂村真民一日一言
―人生の詩、一念の言葉―

著者名 坂村　真民
発行所 致知出版社

「念ずれば　花ひらく」で有名な詩人坂村真民の詩を365編選び、カレンダーに沿って編纂したポケットサイズの書。「念ずれば　花ひらく　苦しいとき　母がいつも口にしていた　このことばを　わたしもいつのころからか　となえるようになった　そうしてそのたび　わたしの花がふしぎと　ひとつひとつ　ひらいていった」「小さい花でいい　独自の花であれ　小さい光でいい　独自の光であれ」「尊いのは　頭でなく　手でなく　足の裏である（中略）しんみんよ　足の裏的な仕事をし　足の裏的な人間になれ」。詩から学ぶ生き方の書。

[現代語抄訳]言志四録

著者名 佐藤 一斎／岬 龍一郎(編訳)
発行所 PHP研究所

佐藤一斎の代表的著作。リーダーのためのバイブルとも呼ばれています。佐藤一斎は現代で言えば、東京大学の総長にあたる江戸幕府末期の儒教の研究者です。その門下生は六千人とも言われます。江戸幕府の儒官として朱子学が専門であるが、陽明学に対する造詣も深く、その門下生である佐久間象山の高弟には、勝海舟、吉田松陰、小林虎三郎なども名を連ねています。佐藤一斎42歳〜82歳までに書かれた総数1,133条。40年に及ぶ大作です。リーダーは必読。

論語物語

著者名 下村 湖人
発行所 講談社(講談社学術文庫)

古典の中の古典、最も知名度の高い『論語』にチャレンジするにあたり、準備運動として小説仕立ての本書を課題図書としました。しかし、その考えはある意味間違いでした。本書は『論語』の解説書としてだけではなく、本書それ自体の価値が極めて高い素晴らしい書籍であったからです。それもそのはず。著者の下村湖人は『次郎物語』を初めとする数々の名作を残し、本書のファンも多い。本書で描かれる孔子は完全無欠な聖人ではありません。愛弟子死に涙し、弟子の過ちを厳しく叱責します。そして迷います。人間・孔子が生き生きと描かれています。また、弟子一人一人のキャラクターの書き分けも秀逸で思わず引き込まれます。

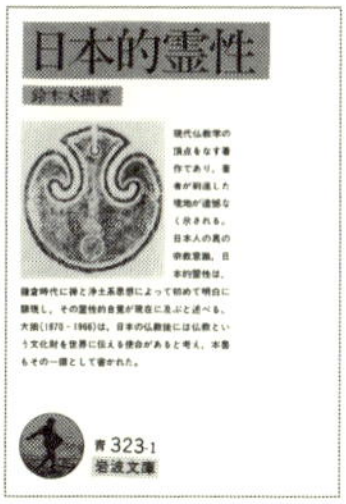

日本的霊性

著者名　鈴木　大拙
発行所　岩波書店（岩波文庫）

「現代仏教学の頂点をなす著作であり、著者が到達した境地が遺憾なく示される。日本人の真の宗教意識、日本的霊性は、鎌倉時代に禅と浄土系思想によって初めて明白に顕現し、その霊性的自覚が現在に及ぶと述べる。大拙（1870-1966）は日本の仏教徒には仏教という文化財を世界に伝える使命があると考え、本書もその一環として書かれた」（以上表紙カバーより引用）。平安時代までの日本人が八百万の神を畏れるばかりであったが鎌倉仏教によって日本的霊性が目覚めたといいます。宗教とは何か？仏教とは何か？に対する答えを表している鈴木大拙の代表作。

禅

著者名　鈴木　大拙／工藤　澄子（訳）
発行所　筑摩書房（ちくま文庫）

国際的に著名な仏教哲学者・鈴木大拙氏による禅の解説書。『代表的日本人』と同じく外国人向けに英語で書かれた著作から禅の本質にあたる内容を選出、邦訳したものです。外国人向けに書かれているがゆえに、明快な論旨とわかりやすくシンプルな文体であり、日本人にとっても禅の入門書として極めて有用であると思われます。『臨済録』を初めとする難解な禅問答の書を学ぶにあたり、これまであえて避けてきた解説書を読む必要性に気づき、本書を課題図書として指定しました。入門書を学んだ後に禅の名著に戻り『無門関』などにも、塾生の仲間とともにチャレンジしていく予定です。

自助論

著者名 サミュエル・スマイルズ／竹内　均（訳）
発行所 三笠書房（知的生きかた文庫）

「天は自ら助くる者を助く」という有名な言葉から始まるサミュエル・スマイルズの世界的名著。スマイルズは当初医師であったが1858年に本書が世界的なベストセラーとなってから執筆に専念するようになりました。福沢諭吉による『学問のすゝめ』と同じ時代に販売され、日本で100万部を超えるベストセラーになりました。自助とは英語の“ Self-Help ”から来ており「人に頼らず自分で自分の運命を切り拓く」ことです。本書には数え切れないほどの人物やたとえ話、そして名言が盛り込まれており、ちょっとした「名言集」としても重宝します。死ぬまでに読みたい本の1冊でしょう。

超訳・易経
―自分らしく生きるためのヒント―

著者名 竹村　亞希子
発行所 角川マガジンズ（角川SSC新書）

人間塾では「四書」（『大学』、『論語』、『孟子』、『中庸』）については繰り返し取り上げてきましたが「五経」についてはこれが初見です。本書は「易経とは何か」「なりたち」「八卦とは？」「陰陽とは？」などの基礎知識も書かれ、初心者である私たちにとってありがたい本です。本書を入り口として、単なる占いとして誤解されがちな「易経」をその本分である「儒学の経典」「帝王学の書」として理解を深めたいものです。我が国における「易経」研究の第一人者である著者による『リーダーの易経』『「易経」一日一言』『人生に生かす易経』などもおすすめです。

新版　歎異抄　現代語訳付き

著者名　千葉　乗隆（訳注）
発行所　角川書店（角川ソフィア文庫）

『徒然草』『方丈記』と並ぶ「日本三大古典」の一つと呼ばれ「日本で最も読まれている仏教書」とも言われています。人間塾の課題図書となっている『善の研究』の著者であり日本三大哲学者の一人である西田幾多郎は「いっさいの書物を焼失しても『歎異抄』が残れば我慢できる」と語っています。本書は親鸞聖人亡き後にその教えが誤った形で伝わっていることを嘆いた高弟の唯円が書いたと言われています。本書で最も有名な「善人なおもて往生をとぐ。いわんや悪人をや」で言う「善人」「悪人」とはそれぞれ「自力で往生しようとする人」「自力では往生できないとわかっている人」のことであり、「他力」とは「阿弥陀仏の本願」のことです。

勇気づけて躾ける

著者名　ルドルフ・ドライカース／ビッキ・ソルツ／早川　麻百合（訳）
発行所　一光社

アドラー心理学を体系化し、プログラムを開発したアドラーの高弟ドライカースの書。原著は初版から50年を経過してなお、色あせることのない子育ての名著です。500ページ近い大作ながら、ほとんどは子育ての具体的ケーススタディー。「子どもが騒いだときにどうするか？」「片付けをしないときにどうするか？」などの具体例に対してアドラー心理学の知見から解説し、さらに具体的対策が書かれています。単なる子育て本としてではなく、アドラー心理学を学ぶ者にとっても、大いなる啓示を与えてくれるに違いありません。アドラー心理学を学ぼうと志す者にとっての入門書としても有効です。

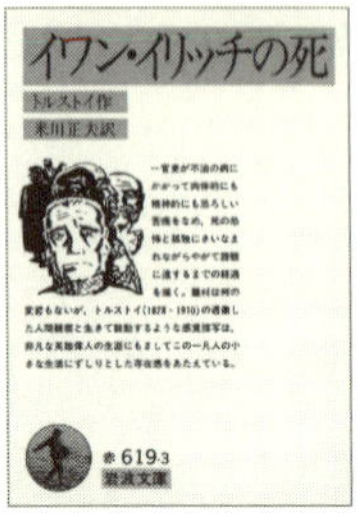

イワン・イリッチの死

著者名　トルストイ／米川　正夫（訳）
発行所　岩波書店（岩波文庫）

人間塾で初めての小説。トルストイの短編名作です。地方の一官吏であるイワン・イリッチが不治の病にかかり、肉体的にも精神的にも苦痛を味わいながら、迫り来る死の恐怖と孤独感と戦っていく様が、鬼気迫るように描かれています。本人の苦しみを知ってか知らずか、ポーカーの話題に興じる同僚たち。オペラに気もそぞろな妻と娘。他人事のような医師。イワン・イリッチは「なぜ自分だけが……」と運命を呪い、自らをよりいっそう苦しめていく。そんな彼が、嘘のない素朴な使用人と純真無垢な息子の涙に触れた時に、彼は突然悟る。そして、幸福感を感じながら死んでいくのです。これまで塾で学んだ仏教や心理学の教えが体現されています。

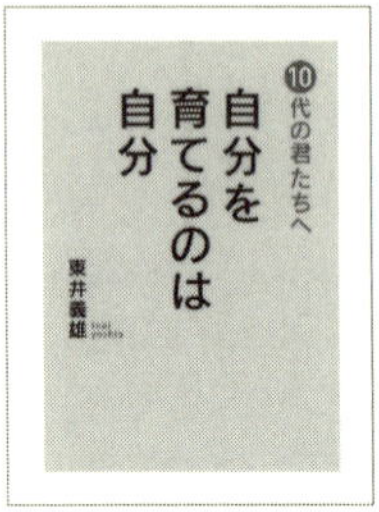

10代の君たちへ
自分を育てるのは自分

著者名　東井　義雄
発行所　致知出版社

『君たちはどう生きるか』と同じように中学生に向けた書かれた書。『いのちの教え』の東井義雄の名作です。中から一遍の詩をご紹介します。脳性麻痺のきみちゃん17歳～ひとつの願い～「お便所に一人でいけるようになりたいのです　それが私の願いです　たった一つの願いです　神様、神様がいらっしゃるなら　私の願いを聞いて下さい　あるけないこと　口がきけないこともがまんします　たった一つお便所に　一人で　一人で行けるようになりたいのです　お願いします」この詩を読んであなたは何を感じるでしょうか。

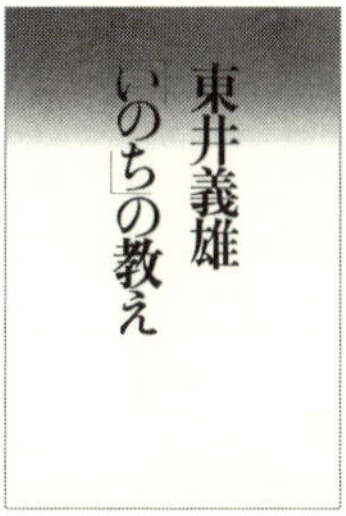

東井義雄「いのち」の教え

著者名 東井　義雄
発行所 佼成出版社

浄土真宗の本願寺派東光寺の長男として生まれ、兵庫県の小中学校教員、校長、大学講師を務め、多くの教職者に影響を与えた著者の書。珠玉のエピソードの数々に、読むたび涙を禁じ得ません。障がい者の子どもが嫌がらせを受け、水泳の選手として泳がされたときに、校長先生が背広のままプールに飛び込み、泣きながら一緒にゴールをした話。テストで98点を取り、ほめてもらおうと胸を踊らせて帰ったら100点でないのか、と言われがっかりした子どものエピソードなど。平易な文章ながらも深い気づきを与えてくれます。同時に、行間から滲み出る著者の深い愛と人間性の大きさから学ぶ点も多いでしょう。

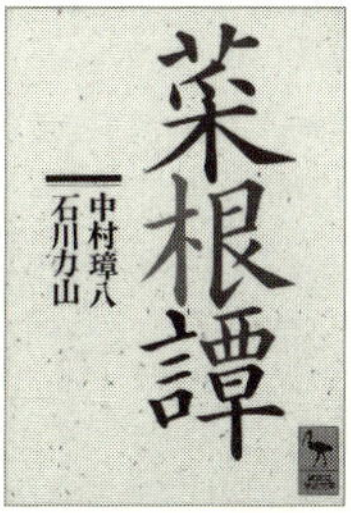

菜根譚

著者名 中村　璋八（全訳注）／石川　力山（全訳注）
発行所 講談社（講談社学術文庫）

明の時代の洪自誠の書。「君子かくあるべし」と修己治人を説く儒教、「今のままでいいんだよ」と知足を説く道教、そして禅の教えが渾然一体となり、人生の道を説く希有な名著。松下幸之助、田中角栄、川上哲治、野村克也など偉人・名経営者がこぞって愛読書に挙げています。「人に道を譲ることこそ、もっとも安全な世渡りの極意」「至る所に人生の楽しみはある」「華美は淡泊に及ばない」など珠玉の教えが詰まっています。ボリュームはありますが、漢文、読み下し文、現代口語訳に解説が加わっているためであり、それほどハードルは高くありません。

善の研究

著者名 西田　幾多郎／小坂　国継（全注釈）
発行所 講談社（講談社学術文庫）

明治44年に出版された日本を代表する知識人・西田幾多郎の代表作・処女作です。本書は西田30代後半の才気ほとばしる年代の著作であり、難解との評価から途中で挫折する読者多数と言われています。詳細な解説を付け加えた本書は、初心者にとってはとてもありがたい本です。中でも「純粋経験」は理解することが困難であると同時に西田哲学の根底でもあり、本書により理解することは大きな価値があると思われます。西田哲学は陽明学との接点も深く、人間塾の象徴とも言える森信三は西田幾多郎の愛弟子とも言われているので、まさに人間塾らしい課題図書の選択であると言えるでしょう。

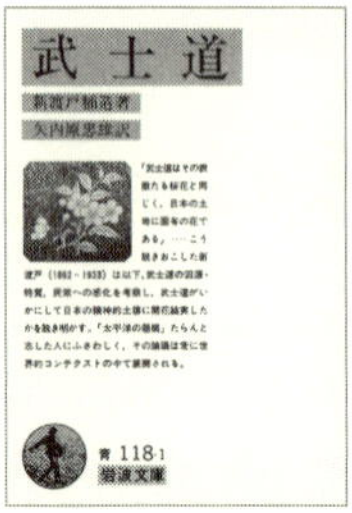

武士道

著者名 新渡戸　稲造／矢内原　忠雄（訳）
発行所 岩波書店（岩波文庫）

新渡戸稲造が1899年、文明開化の最中に海外へ向け英文で著した「 Bushido : The Soul of Japan 」の日本語訳。ルーズベルト、JFケネディーなど歴代の大統領などに読まれ、世界中に大きな影響を与えました。武士道を構成している要素「義」「勇」「仁」「礼」「誠」「名誉」「忠義」について書かれています。外国人に日本文化を理解してもらうことが目的であるため、キリスト教との比較や欧米書物からの引用も多く、欧米文化の知識がないと理解しづらい面もありますが、曖昧さを排し理路整然と書かれているため理解しやすいです。

二宮翁夜話

著者名 二宮　尊徳／児玉　幸多（訳）
発行所 中央公論新社（中央クラシックス）

二宮尊徳と言えば薪を背負いながら読書をしている銅像が有名ですが、単なる勤勉以上の大切な教えを本書は指し示してくれるでしょう。幕末に活躍した尊徳は現代で言えばさしずめ企業再生、自治体再生のプロと言えるでしょう。飢饉で苦しむ村を「勤労」（ものをつくること）「分度推譲」（分をわきまえ余剰を蓄えに回すこと）「積小為大」（小さな事を怠らず務めれば大きなことを為す）「報徳」（金のためではなく恩に報いるために働く）などを重んじ、次々と村を立て直していきました。また、農民だけでなく領主にも財産を投げ出すことを求め、リーダー論としても読めます。『報徳記』もおすすめ。

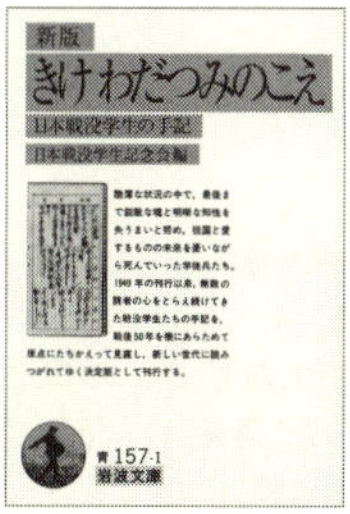

新版　きけ　わだつみのこえ

著者名 日本戦没学生記念会（編）
発行所 岩波書店（岩波文庫）

第2次世界大戦末期に戦没した学徒兵の遺書を集めた遺稿集。1949年刊行。「わだつみ」とは海神を意味する日本の古語。現在は戦没学生を現す言葉として使われています。学徒たちの胸を打つ叫びの遺書がこれでもか、と並べられています。読みながら驚くのは当時の学徒たちの驚くべき博識ぶりと国を思う意識の高さです。彼らが10代、20代の若さで空しく散っていったことを思うと残念でなりません。『夜と霧』とあわせ、戦争の悲惨さ、狂気、その中でも気高く生きる人間の力を学ぶ必読の書です。

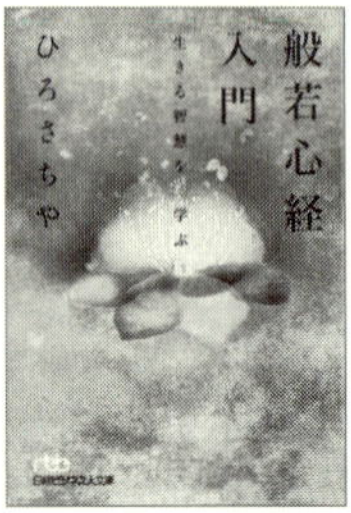

般若心経入門　生きる智慧を学ぶ

著者名　ひろ　さちや
発行所　日本経済新聞出版社（日経ビジネス人文庫）

平易かつユニークな関西弁で語りかけてくる、ひろさちやの代表作。「観自在菩薩。行深般若波羅密多時……」から始まる般若心経は文庫本の見開き2ページに収まる短いお経です。しかし、そこで描かれている世界は宇宙のすべてを表す深い深い教えです。その深さを実に明快に語る本書はなんとも小気味よい。また、般若心経のみならず仏教全般についての記述も多く「お布施とは、施した人が御礼を言うもの」など目からウロコの例えが次々と出てくる。ゴム紐の物差しを持つ私たちを救ってくれるに違いないでしょう。

新訂　福翁自伝

著者名　福沢　諭吉／富田　正文（校訂）
発行所　岩波書店（岩波文庫）

福沢諭吉の自伝である。個人の「独立自尊」から始まり、国の「独立自尊」をも唱導する立場になっていく諭吉の人生がドラマティックかつ人間臭く描かれています。スマイルズの『自助論』と同時代に出版されアジアの小国が欧米列強に伍して「自立」していく気概が文面からあふれています。単なる四角四面のまじめな人物としてではなく、学生時代の喧嘩や盗みなども描かれ、人間・福沢諭吉が浮き彫りになっていきます。ベンジャミン・フランクリンの生き様とも重なる部分が見え、人間塾ならではの関連づけた読み方が楽しめます。

学問のすゝめ

著者名　福沢　諭吉
発行所　岩波書店(岩波文庫)

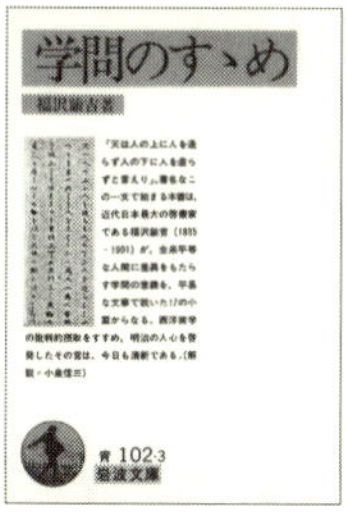

「天は天の上に人を造らず人の下に人を造らずと言えり」の有名な一文で始まる名著。しかし、この言葉が一人歩きし、内容が誤解されているのではないか?と私は思います。おそらく諭吉翁が言いたかったのは、次の一文です。「その人に学問の力あるとなきとによりてその相違もできたるのみにて、天より定めたる約束にあらず」「ただ学問を勤めて物事をよく知る者は貴人となり富人となり、無学なる者は貧人となり下人となるなり」まさに「学問のすゝめ」です。『福翁自伝』との併読をおすすめします。

フランクリン自伝

著者名　松本　慎一(訳)／西川　正身(訳)
発行所　岩波書店(岩波文庫)

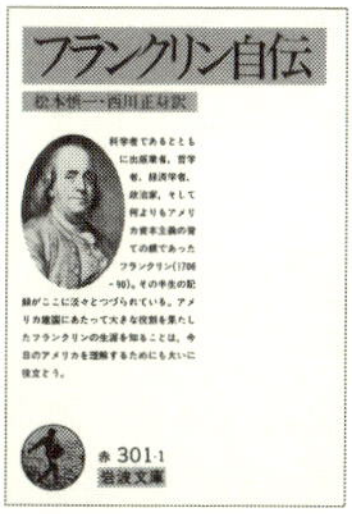

アメリカ建国の父であり、独立宣言書起草委員でもあったベンジャミン・フランクリンの自伝。私たちにはむしろ凧を使った実験により稲妻と電気が同一であることを発見した、としてなじみが深いかもしれません。フランクリンは、数多くの米国初の記録を持ちます。初の公共図書館、初のタブロイド誌出版、また、後のペンシルバニア大学の創設もフランクリンの業績の一つです。カール・マルクスは新大陸における最初の偉大な経済学者として敬意を払い、デイヴィッド・ヒュームは「新世界における最初の哲学者、かつ偉大な文筆家」と呼びました。

夜と霧

著者名　ヴィクトール・E・フランクル／霜山　徳爾（訳）
発行所　みすず書房

本書は自らユダヤ人としてアウシュビッツにとらわれ、奇跡的に生還した著者の「強制収容所における一心理学者の体験」（原題）です。「言語を絶する感動」と評され、人間の偉大と悲惨をあますところなく描いた本書は1956年8月の初版刊行と同時に大ベストセラーとなり、これまでに600万冊を超える「歴史上最も読まれた10冊」の1冊でもあります。「本の読み方・選び方」で触れましたが、本書は旧版と新版があります。私のおすすめは旧版です。新版にはない豊富な写真やデータ、資料が掲載されており言葉だけでは伝わらない人間の醜さと気高さが写真から伝わってきます。死ぬまでに読みたい1冊。

それでも人生にイエスと言う

著者名　V.E.フランクル／山田　邦男（訳）／松田　美佳（訳）
発行所　春秋社

ナチスの強制収容所で奇跡的に生き延びた体験を描いた書。同時に、「歴史上最も読まれた10冊」のうちの1冊でもある『夜と霧』の著者にして、ロゴセラピーの提唱者、心理学者のフランクルの代表作でもあります。収容所から解放された翌年にウィーンの市民大学で行った講演録です。ところどころに、収容所での生々しい体験が述べられる初期の著作でありながら、その後の理論の多くを包含しています。「人生に意味を問うな。人生から意味を問われているのである」というコペルニクス的転換は大きな驚きを与えてくれます。

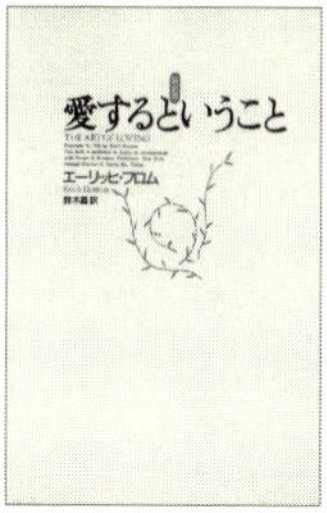

愛するということ［新訳版］

著者名 エーリッヒ・フロム／鈴木　晶（訳）
発行所 紀伊國屋書店

1956年にニューヨークで出版されて以来、世界中で読み継がれ、日本語版だけでも30年の間に40万部以上売れているロングセラー。原題は「The Art of Loving 」（愛の技術）本書では、愛とは「自分意思ではコントロールできない感情」ではなく「技術」であると言い切っています。

［新訳］南州翁遺訓
西郷隆盛が遺した「敬天愛人」の教え

著者名 松浦　光修（編訳）
発行所 PHP研究所

人間塾課題図書の中でのMy Favorite をあげるならこの1冊です。本書は西郷率いる新政府軍と戦い敗れた庄内藩の藩士たちが、本来であれば賊軍として辱めを受け処刑されるところを寛大な処置を受け、さらには武士の魂である帯刀を許され、礼儀正しく接せられたことに感動し西郷のもとを訪れたのが起源となっています。本来敵方であったはずの彼らが西郷に自ら教えを請い、風呂敷に本を背負って全国で売り歩いたとされています。このエピソード自体が西郷という人間の大きさを表しています。有名な「敬天愛人」をはじめ珠玉の教えの詰まった1冊。

ブックリスト
～おさえておくべき古典一覧

［新訳］留魂録
吉田松陰の「死生観」

著者名　松浦　光修（編訳）
発行所　PHP研究所

30歳という若さで処刑されこの世を去った吉田松陰。「身はたとひ　武蔵の野辺に　朽ぬとも　留め置まし　大和魂」の有名な句そのままに国を憂い、命をかけて行動し続けた松蔭の波瀾万丈な人生と死生観が「留魂録」だけでなく、書簡や年表などの資料とともに描かれています。高杉晋作や久坂玄端ら、数多くの明治維新の立役者を生んだ松下村塾にて教鞭を取るだけでなく、現代で言えばクーデターにあたるような暗殺計画や密航などを繰り返し、牢獄に捕らわれます。しかし、その過激な行動の原動力は決して私欲ではなく、国を憂える思いにあることが切々と訴えられ、私たちの胸を打ちます。

ビギナーズ・クラシックス　日本の古典
良寛　旅と人生

著者名　松本　市壽（編）
発行所　角川学芸出版（角川ソフィア文庫）

子どもとかくれんぼをしたり、手まりで遊んだりしている姿で有名な良寛。江戸時代後期の僧侶、良寛は住職とならず子どもたちと遊びながらさまざまな優れた和歌や漢詩を生み出し、今でも人々の心を揺り動かしています。良寛は幼少期から『論語』や『孟子』などの儒学に親しみ、家業の名主見習いとなりますが、出家します。禅僧となってからも寺の住職とならず、長岡藩主からの誘いも断りボロボロの物置のような庵に住みました。本書は良寛の生涯についての解説と和歌の代表作が収められ、入門書として最適です。

正法眼蔵随聞記

著者名　水野　弥穂子（訳）
発行所　筑摩書房（ちくま学芸文庫）

私が「死ぬまでに読みこなしたい」と思っている大作、曹洞宗の開祖・道元禅師による『正法眼蔵』の最良の入門書と言われるのが本書です。道元禅師に影の形に添うごとく参侍し、のち永平二世を嗣いだ懐弉禅師が随侍当初4年間の師の教えを、聞くにしたがって書きとめたものが本書です。しかし、入門書だからといってバカになどできない重厚さがあり、本書単独でも十分に名著と呼ばれるだけのことはあります。水野弥穂子の訳や解説の評価も高く、底本とする長円寺本の適切さも含め、同書の決定版との誉れが高いのが本書「ちくま学芸文庫」版です。

家庭教育の心得21
母親のための人間学

著者名　森　信三
発行所　致知出版社

長年に渡り森信三氏のお世話をされ、本書を編纂された寺田一清曰く「家庭教育の『聖書』」とのこと。有名な「しつけの三原則」をはじめ「子どもの前では絶対に『夫婦喧嘩』はするな」「子どものしつけは母親の全責任」「父親はわが子を一生のうちに三度だけ叱れ」「九つほめて一つ叱れ」「子どもや若者は車内で必ず立つようにしつけよ」「母親は家庭の太陽である」など具体的、平易であり、かつその奥にある深淵な哲学が読み取れます。母親のみならず、父親、そして子どもがいない夫婦、青年にもおすすめできる良書。

ブックリスト
～おさえておくべき古典一覧

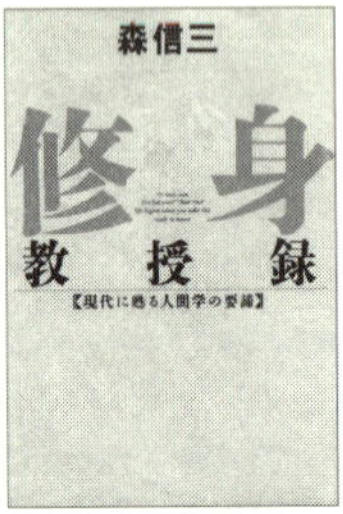

修身教授録

著者名　森　信三
発行所　致知出版社

人間塾歴代課題図書ランキングの圧倒的第1位。人間塾と言えば『修身教授録』というほど、塾の背骨となっている、森信三氏の代表作です。1937～1939年に大阪府天王寺師範学校で行われた講義の筆記録を編纂したもの。もしも、私が「生き方」「人間力」についての本を1冊だけ挙げよ、と言われれば、迷わず本書を挙げるでしょう。それほど価値がある本だと思います。本書の魅力は、心に突き刺さる平易な直言にあります。しかも、その言葉の背景に深い人間愛がにじみ出て、人間力が伝わってきます。ビジネスマンにぜひ読んでほしいのは「下座行」。部下心得としてこれほど的を射た表現はありません。万人必読の書です。

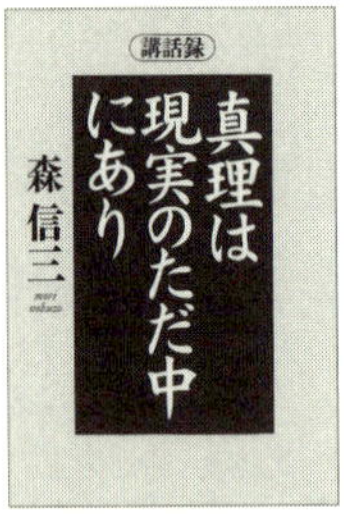

講話録　真理は現実のただ中にあり

著者名　森　信三
発行所　致知出版社

森信三氏の三部作の一作。1955～1978年の間に、小学生、中学生、大学生、教職員、保護者などに向けた語った講話録を編纂した本。「人生における深刻な経験は、たしかに読書以上に優れた心の養分と言えましょう。だが同時にここで注意を要することは、われわれの日常生活の中に宿る意味の深さは、主として読書の光に照らして、初めてこれを見出すことができるのであって、もし読書をしなかったら、いかに切実な人生経験といえども、真の深さは容易に気付きがたいと言えましょう」は読書についての本質をズバリついています。「諸君!! 例外をつくったらだめですぞ。今日はまあ疲れているからとか、夕べはどうも睡眠不足だったとか考えたら、もうだめなんだな。例外をつくったらもうやれん」。96歳で生涯を閉じるまで熱く語り続けた、巨人の言葉が胸を打ちます。

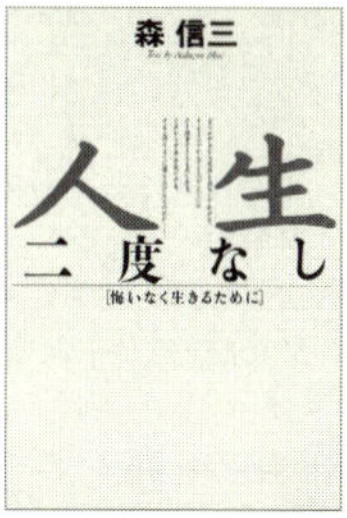

人生二度なし

著者名　森　信三
発行所　致知出版社

森信三氏の三部作の一作。森信三氏を学ぶのならば、本書もしくは『真理は現実のただ中にあり』から始めるのが良いでしょう。「学歴偏重社会の中で、悩みながら働いている若い人たち」を対象に書かれています。「どうせやるなら覚悟を決めて10年やる。すると20からでも30までにはひと仕事できるものである。それから10年本気でやる。すると40までに頭をあげるものだが、それでいい気にならずにまた10年頑張る。すると、50までには群を抜く。しかし50の声を聞いた時には、大抵のものが息を抜くが、それがいけない。『これからが仕上げだ』と新しい気持ちでまた10年頑張る……」など珠玉の言葉が熱く、わかりやすく語られています。

父親のための人間学

著者名　森　信三／寺田　一清（編）
発行所　致知出版社

森信三氏は「父親は人生で3度子どもを叱るか、まったく叱らないか」との態度を確立すべきである、と述べています。また、しつけや子どもの教育のみならず、職場での人間関係や、読書、健康管理、財の保全と蓄積、地位と名声、逆境と天命、親の老後と自分の老後など、いわば「男としての生き方の指南書」と呼んでも過言ではない内容です。「夫婦は二つの円が互いに半分くらい重なり合った二つの円のようなものであり（中略）他の部分はお互いに理解できない部分だということを改めて知る必要がありましょう」「夫婦のうちどちらかエライ方が、相手をコトバによってなおそうとしないで、相手の不完全さをそのまま黙って背負ってゆく。夫婦関係というものは結局どちらかがこうした心の態度を確立する外ないようですね」の二言にシビれました。

森信三講録
西郷南洲の遺訓に学ぶ

著者名　森　信三
発行所　致知出版社

人間塾の課題図書ランキングで上位に入る『南州翁遺訓』を、同じくランキング1位の『修身教授録』の著者である森信三氏が解説する、という垂涎の著作。日中戦争が勃発した時代に、旧満州国新京の建国大学教授就任中の森氏が帰国した際の講話録です。「為政」（政治を司る）と「立教」（人間教育）の両面に渡り論ぜられています。西郷隆盛の有名な「敬天愛人」についての森氏の言葉が深い。「絶対（天）を相手にして絶対（天）に帰し、絶対（天）に自己をささげる。そこではじめて相対的な人情（人）の離反合不合ということによって一々自己が左右されることがなくなる」。実に深いです。

荘子I

著者名　森　三樹三郎（訳）
発行所　中央公論新社（中公クラシックス）

荘子は戦国時代の思想家。老子とともに合わせ「老荘思想」と呼ばれています。重厚な思想と軽妙さ、比喩と寓話に富んだ独特の文体に、ファンは多いです。この世界で生きることにどのような意味があるのか？　どのように生きれば意味を持てるのか？　という「道」の世界を語っています。荘子の主要なテーマは「斉物論」と呼ばれ、人間の主体性に関する問題です。私という人間の主体は私であるはずなのに、逆に没主体的で疎外された存在になってしまっている―。我々が自己疎外を克服して人間としての“真の生”を定立することを目指しています。

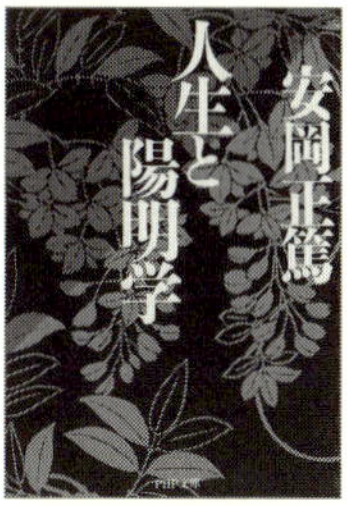

人生と陽明学

著者名　安岡　正篤
発行所　PHP研究所（PHP文庫）

人間塾において森信三氏と並んで多く取り上げている安岡正篤氏の講話録。王陽明の『伝習録』を読み解く助けになるでしょう。陽明学が勃興した明の時代背景と陽明学が果たした役割、そして中国だけでなく、日本人の精神に対していかなる影響を与えたかなどが語られています。日本において陽明学を発展させた中江藤樹、熊沢蕃山、佐藤一斎など、人間塾でも取り上げてきた幕末の志士たちにつながる偉人によるさまざまなエピソードが語られ、実践の儒学、知識よりも行動を重んじる陽明学の本質がよくわかります。

いかに生くべきか　東洋倫理概論

著者名　安岡　正篤
発行所　致知出版社

人間塾の記念すべき2冊目の課題図書。安岡哲学の骨格となる書籍です。しかし、本文中にも示した通り、本作を読む順番はもっと後にすべきであったと考えます。安岡正篤氏に対する食わず嫌いを起こさないためにも、著者晩年の70代の講話録から読み始めることを強くおすすめします。また、本書は四書『大学』『論語』『孟子』『中庸』を読む前のガイド本というよりは、四書を読んだ後のより理解を深める書物と捉えた方が現実的です。本書には四書や『菜根譚』をはじめとする人間塾課題図書に指定された書物からの引用が豊富にあり、人生を青年期、壮年期、老年期に分けて俯瞰して解説しています。私はこの書籍で「造化」（天地の万物）という言葉をはじめて知りました。

［新装版］安岡正篤　人間学講話
運命を創る

著者名　安岡　正篤
発行所　プレジデント社

読みやすい講話録。「いつまでも『えび』の如く脱皮せよ」「主体性を回復するための十八箇条」など、とっつきやすいタイトルから入り、人生の深淵が語られています。また、同時に教科書に書かれていない歴史の本質を知ることもできます。本書のテーマでもある「運命」について、「運」とは動くことであり、「運命」とはダイナミックなものである。あらかじめ定められ変化しない「宿命」とは異なり「運」はその複雑な因果関係を探り操作し、自ら変化させ切り拓くものである、これを『立命』という、との啓示はまさに目からウロコでした。

安岡正篤　人間学講座
論語の活学

著者名　安岡　正篤
発行所　プレジデント社

1967年、著者70歳に達した時の講義録です。本書にはこのような言葉が述べられています。「人間というものは自分でわかったような心算（つもり）でも、なかなか本当のことがわからぬものである、ということが論語に徴して吾れ自ら、しみじみ感ぜられるという自分の体験をお話する」。この言葉こそまさに、孔子による「これを知るを知るとなし、知らざるを知らずとなす、これ知るなり」そのものでしょう。本書には普通に論語を読んだだけではわからなかったことが易しく解き明かされています。それは「利の本は義である」や「時」「省」の「真意」として語られたり、「暁」、「悟」、「忠」と「恕」など漢字の成り立ちから語られたり、とさまざまです。『論語』の解説書としておすすめです。

分析心理学

著者名　C.G.ユング／小川　捷之（訳）
発行所　みすず書房

1935年、60歳のカール・グスタフ・ユングがロンドンのクリニックで200名の医師に向けて行った講演の講話録。無意識、コンプレックス、夢分析、元型、転移、投影など、さまざまなテーマについて広範かつ平易に触れています。ユングは一般読者を対象とした入門書を書かないことで有名ですが、本書はフロイトが自己の心理学を講義した『精神分析入門』と対比され、入門書の良書と認識されています。本文中にはフロイト、アドラーとの対比や、ユング独特の宗教との接点も示され、ユング心理学の深さや独自性が色濃く反映されています。人間塾ではアドラー心理学に続き学ぶことにしました。

君たちはどう生きるか

著者名　吉野　源三郎
発行所　岩波書店（岩波文庫）

本書は主人公の中学2年生コペル君と友人たち。そしてメンター的役割のおじさんとの交流を通じて、コペル君が気づき、学び、そして傷つきながらも成長していく物語は涙を禁じ得ません。同時に、インサートされている美しいイラストとともに描写される街の風景が、あたかも映画を観ているかのように私たちに訴えかけてきます。「読んで良かった」との評が多かった課題図書です。

参考：人間塾課題図書一覧　URL　http://www.ningenjuku.net/books-2/

（著者紹介）

小倉　広（おぐら　ひろし）

「人間力を高める」一般社団法人 人間塾 代表理事
「対立から合意へ」一般社団法人 日本コンセンサスビルディング協会 代表理事
「自分で考え、自分で動く人を育てる」株式会社小倉広事務所 代表取締役
組織人事コンサルタント、アドラー派の心理カウンセラー。日本経済新聞社 BIZ アカデミー講師、日経ビジネス課長塾講師、SMBC コンサルティング講師。
大学卒業後、株式会社リクルート入社。企画室、編集部、組織人事コンサルティング室課長など主に企画畑で 11 年半を過ごす。その後ソースネクスト株式会社（現・東証一部上場）常務取締役、コンサルティング会社代表取締役などを経て現職。
一連の経験を通じて「リーダーシップとは生き様そのものである」との考えに至り、「人間力を高める」人間塾を主宰。「人生学」の探求および普及活動を行っている。また、20 年間のコンサルタントとしてのプロジェクト・マネジメント経験をもとに「対立を合意へ導く」コンセンサスビルディング技術を確立。同技術の研究および普及活動を続けている。
著書に「アルフレッド・アドラー 人生に革命が起きる 100 の言葉」（ダイヤモンド社）「僕はこうして苦しい働き方から抜け出した」（WAVE 出版）「任せる技術」（日本経済新聞出版社）など 30 冊以上。他に、15 冊以上の著作が韓国、台湾、香港、中国などで翻訳販売されている。

人間塾（にんげんじゅく）

一般社団法人人間塾が主催し、塾の参加者が自ら運営する無料の勉強会。「リーダーシップとはリーダーの生き様そのものである」、真のリーダー育成は「人間力」を高める他に方法はない、との信念から運営されている。論語や老子などの東洋哲学、その薫陶を受けた森信三、安岡正篤などの書籍、さらには、アルフレッド・アドラー、サミュエル・スマイルズ、V.E. フランクルなどの西洋の心理学や「生き方」に関する書籍を課題図書に、月 1 回土曜日に、東京、名古屋、関西で開催している。また、全国各地で塾の参加者が支部会を開催。だれでも、いつからでも、何度でも参加できる。

ブレない自分をつくる「古典」読書術

NDC019

2016年3月1日　初版1刷発行　（定価はカバーに表示してあります）

©著　者　小倉　広＋人間塾
発行者　井水　治博
発行所　日刊工業新聞社
〒103-8548　東京都中央区日本橋小網町14-1
電　話　書籍編集部　03（5644）7490
販売・管理部　03（5644）7410
FAX　03（5644）7400
振替口座　00190-2-186076
URL　http://pub.nikkan.co.jp/
e-mail　info@media.nikkan.co.jp

編集協力　佐藤　可奈子
滝　啓輔
装幀・本文レイアウト　小口 翔平＋三森 健太（tobufune）

印刷・製本　新日本印刷（株）

落丁・乱丁本はお取り替えいたします。
2016 Printed in Japan　ISBN 978-4-526-07531-5